榮宏君 編註

張伯駒

中華書局

張伯駒
（1898-1982）

# 出版説明

本書《張伯駒牛棚雜記》分為文字部分和日記原件影印兩部分。文字部分由編者解讀註釋。

一、《張伯駒牛棚雜記》是根據張伯駒先生日記原稿整理而成，編者曾邀請國家博物館研究員海國林先生，邀請張伯駒先生女婿樓宇棟先生以及張伯駒先生外孫、張伯駒潘素文化發展基金會理事長樓開肇先生對墨蹟共同鑒定，一致認定為張伯駒先生所書。

二、本書以影印原件為主，由編者整理全篇日記，考證日記的書寫時間、書寫內容並對相關人物、著作、事件進行註釋。

三、原日記本書寫隨意，多用異體字、繁體字和一些看不懂的符號，對於這些落字錯字或不能辨識的文字，均以口代替。

四、由於張伯駒先生的書寫習慣問題，原日記書寫並沒有分段，甚至也沒有標點，現釋文均由編者來分段、句讀。釋文尊重張伯駒先生的書寫習慣和時代用語原貌，除個別難懂詞彙以外，不再加註釋。

五、由於這本雜記產生於五十年前的特殊年代，文中對一些先生的稱呼和所謂的揭發交代均有不敬之處，但這完全是時代所迫，今天看來絕非作者本意，請讀者理解，特此說明。

# 引 言

　　張伯駒先生 1898 生於河南項城一個官宦之家，少年時即與張學良、溥侗、袁克文一起並稱為「民國四公子」。張伯駒先生是中國近現代文化史上少有的集收藏鑒賞家、書畫家、詩詞學家、京劇藝術研究家於一身的文化奇人。1917年畢業於袁世凱混成模範團騎兵科，畢業後曾到山西督軍陸建章處任職，曾任陝西督軍公署參議，後任鹽業銀行董事、總稽核等職務。抗戰勝利後，歷任華北文法學院教授、故宮博物院專門委員、北平市美術會理事長。1949 年後又歷任國家文物局鑒定委員會委員、第一屆北京市政協委員。1962－1966 年任吉林省博物館副研究員、副館長。1972年被聘為中央文史館館員。

　　新中國成立後，張伯駒先生即以空前的熱情投入到國家的文化建設之中。他曾在何香凝和鄭振鐸二先生的推薦下，以顧問身份到文化部工作。1956 年，他慨然將家藏書畫珍品包括陸機的《平復帖》、杜牧的《張好好詩》、范仲淹的《道服贊》以及黃庭堅的《諸上座帖》等八幅無償捐贈給故宮博物院。1957 年，張伯駒先生因為整理了《寧武關》、《祥梅寺》、《馬思遠》等京劇老劇目而遭到批判，繼而被劃為「反黨反社會主義的右派份子」，多次受到書畫界、戲曲界無情的批鬥。右派帽子雖然戴到了頭上，但張伯駒生來就是為琴

棋書畫而活，他的閒雲野鶴般的生活軌跡並沒有因為這頂莫須有的政治帽子而有所改變，他依然沉浸在琴棋書畫、詩詞歌賦的精神世界之中。

不過，時間到了 1961 年 9 月，吉林藝術專科學校繪畫系副主任史怡公①和畫師卜孝懷②的來訪，卻徹底改變了張伯駒與夫人潘素的原有生活軌跡，也使得張伯駒與長春這座關外名城結下了十年的不解之緣。史怡公和卜孝懷是民國的老畫家，他們都曾是「北平市美術會」的成員，所以和時任美術會理事長的張伯駒以及美術會監事的潘素早就相識。六十年代初兩人從北京來到長春，任教於吉林藝術專科學校。吉林藝專的前身肇始於 1946 年的東北大學魯迅文藝學院音樂系，1959 年組建成吉林藝術專科學校，1962 年改為中專，更名為吉林省藝術學校，是全國六所綜合性藝術院校之一，即中國六大藝術學院之一，也是東北地區唯一一所綜合性高等藝術學府③。當時因藝專教員十分缺乏，史怡公和卜孝懷準備邀請張伯駒先生的夫人潘素④去吉林藝術學院教授中國畫。一開始潘素以張伯駒年老多病不能離開為由拒絕了他們的邀請，史怡公求才心切，答應張伯駒可以同行。聽到「長春」二字，張伯駒不由得心頭微微一暖，因為張伯駒認為自己一生和「春」字有緣，他生於 1898 年 2 月 12 日，是光緒二十四年的春天。他有幸花鉅資收藏了中國現存最早的山水畫展子虔的《遊春圖》，他住在「展春園」內，自己又號遊春主人，莫非生命中註定自己與「春」字結緣？詩家的浪漫情懷使張伯駒臨時起興，於是準備隨潘素到長春

一遊。誰知道這冥冥之中的決定卻釀成了他在長春數年的磨難，這場長達十年的春遊也給已年屆花甲的老人帶來了長久的驅之不去的夢魘！

　　1961 年 10 月 20 日，張伯駒、潘素夫婦乘火車來到長春。最初的幾年他們過得也算開心，在老友陳毅副總理以及他的部下宋振庭⑤關懷下，張伯駒先生被聘任為吉林省博物館副館長。閒暇之餘，他還邀請長春的學者于省吾、羅繼祖等人詩酬唱和，並彙編《春遊瑣談》六卷以研究金石、書畫、掌故、詞章。時間到了 1966 年的 5 月，受吉林省政協的委派，張伯駒隻身到天津整理有關鹽業銀行史。張伯駒在天津考察了月餘，於 6 月 22 日完成了近一萬五千字的《鹽業銀行與北洋政府和國民黨政權》的回憶錄。7 月，張伯駒先生經北京回到長春，才兩個月的時光，彼時的長春大街小巷已變成了紅色的海洋，一身綠軍裝的紅衛兵小將們以最高統帥的名義在全市展開了打砸搶。8 月，吉林省「造反派」在市體育館展開了批判省文化局副書記金樹然的運動，張伯駒先生被逼陪鬥，同時他在北京的住宅也被紅衛兵洗劫一空，大批的珍貴文物被燒毀、砸爛。1967 年，困頓中的張伯駒憤然填了一闋《金縷曲》：

　　塵劫何能躲，奈升沉，紛紜此世，其中有我。但便淤泥蓮不染，微笑點頭也可。舉目盡，煩煩瑣瑣。覆雨翻雲成與敗，在旁觀只是鄉人儺。論功罪，互因果。

　　池魚殃及城門見。更娥姁、牝雉鐘室，居心叵測。富貴豈

堪安樂共，未許客星犯座。寧披髮，佯狂衽左。換骨脫胎非易事，算螟蛉、終竟難成蝶。且爭看，一剎那。

　　這首詞暗諷江青為西漢的呂后，災難再次降臨，於是又被造反派打為現行反革命，並給他定下了八項罪名：

1・反動文人

2・資本家

3・歷史反革命

4・右派份子

5・走資本主義道路的馬前卒

6・封建階級的孝子賢孫

7・反對革命樣板戲的黑手

8・資產階級安放在吉林省文化界的定時炸彈

　　1968 年 9 月 21 日，張伯駒被關進「牛棚」，造反派美其名曰集中學習。所謂牛棚，是特指在文革中紅衛兵造反派關押改造和限制「牛鬼蛇神」人身自由的場所，包括辦公室、學校、招待所、地下室和農場等地，以逼迫交代歷史問題、工作問題等和所謂改造思想為藉口的隔離審查，往往輔以體力勞動和思想批鬥，這樣的場所就簡稱「牛棚」。已年逾七旬的張伯駒先生就這樣被關至少八個月。剛進學習班時，每個人發給一個筆記本，造反派讓身陷牛棚的「學員」把自己的「反思」和歷年來犯下的「罪行」都要一筆一筆地寫在上面，以集中向組織彙報。不知什麼原因，2009 年，這個筆記本竟然神奇地再現於世。這只是一個普普通通的

36 開日記本，因為歲月日久，塑封面早已脫落不知去向，斑駁發黃的扉頁上用圓珠筆草草地豎寫着三個大字 —— 張伯駒，掀開扉頁，首先映入眼簾的就是數行毛主席語錄《論持久戰》：

　　武器是戰爭的重要的因素，但不是決定的因素，決定的因素是人不是物。力量對比不但是軍力和經濟力的對比，而且是人力和人心的對比。軍力和經濟力是要人去掌握的。

　　這充滿革命性的語言已明確告知，這是一個文化大革命時期的日記本，那麼張伯駒先生到底在這個日記本中做了哪些「交代」和「反思」呢？就讓我們掀開這個看似普通卻又彌足珍貴的記事本，共同品讀「民國四公子」之一的張伯駒先生在那段特殊歲月的遭遇吧！

## 註 釋

① 史怡公（1897－1992），河北安國人，筆名海濤，國畫家，長期從事山水、花卉創作和繪畫理論的研究。新中國成立後，在中國美協民族美術研究所從事中國肖像發展史的研究，他亦是中國美術家協會的創始人之一。1961 年任教於吉林藝術專科學校（吉林藝術學院前身），後任美術系副主任。生前為中國美術家協會會員。著有《古代肖像畫的造型法則》、《大器晚成》，作品有《長白山林海》等。本段文字資料參見《藝圃（吉林藝術學院學報）》1992 年第 1－2 期第 123 頁「史怡公先生逝世」（另一說生於 1899 年，參見陳炳華主編：《中國古今書畫名人大辭典》，天津：天津古籍出版社，1998，頁 87）。

② 卜孝懷（1909－1970），又名卜憲中，河北安國人，畫家，擅長人物畫。自幼酷愛繪畫，1932 年畢業於北京大學藝術學院及朝陽大學，專攻人物畫，師承於徐燕蓀等人。曾先後任教於國立北京藝專、北京美專、京華美專及藝光國畫社。1951－1961 年在人民美術出版社連環畫創作室工作，1961 年任教於吉林省藝術專科學校。生前為中國美術家協會會員，吉林省文聯委員，中國美術家協會吉林分會理事。本段文字資料參見俞劍華編：《中國美術家人名大詞典》，上海：上海人民美術出版社，2004，頁 11。

③ 吉林藝專於 1978 年升格為本科建制，更名為吉林藝術學院。

④ 潘素（1915—1992），女，張伯駒先生的夫人，字慧素，江蘇蘇州人。1936 年始，師從汪孟舒、陶心如、祁井西等習畫。晚年擅金碧青綠山水及雪景山水。1949 年後歷任吉林藝術學院教授、中國美術家協會會員、北京中山書畫社副社長、第六、七屆全國政協委員、民革中央委員等職。本段文字資料主要參見中國美術館編：《中國美術年鑒》，南寧：廣西美術出版社，1989，頁 285。

⑤ 宋振庭（1921—1985），筆名星公。吉林延吉人。1937 年加入中國共產黨。歷任延安馬列學院哲學研究室研究員、《東北日報》社第一版主編、中共延吉市委書記、吉林省常委兼宣傳部長、中共中央黨校教育長和教授。第六屆全國政協委員。宋振庭酷愛傳統文化，於詩詞、書畫、文物鑒定均有建樹，與張伯駒交好。張伯駒先生逝世後，宋振庭曾寫下情真意切的挽聯痛悼老友：

　　愛國家愛民族費盡心血一生為文化不惜身家性命；
　　重道義重友誼冰雪肝膽賚志念一統豪氣萬古凌霄。

本段文字資料主要參見李盛平主編：《中國近現代人名大辭典》，北京：中國國際廣播出版社，1989，頁 340。

# 目　錄

出版説明 · V

引言 · VII

**張伯駒牛棚雜記（釋文、註釋）· 1**

〔擬交代問題總目〕/ 2

毛主席在全國宣傳工作會議上講話 / 6

遵守紀律的規定 / 11

〔揭發佟冬、鍾泰及東北文史研究所〕/ 12

我對前途的看法 / 24

來長春前 / 27

來長春後 / 29

怎麼認識于毅夫的 / 34

〔散記〕/ 36

第一次〔回北京購畫〕/ 39

在收購文物工作上的罪行 / 41

武占麟給我的反面教育 / 47

十二次全會公告學習 / 49

市圖書館曾由解放軍、工人談話 / 51

〔自我坦白和剖析〕/ 53

〔散記〕/ 65

學習《紅旗》雜誌編者按，關於知識份子再教育問題社論 / 67

〔交代與詞友王鑄、張牧石等人的交往〕/ 69

〔散記〕/ 74

〔一九六二年〕/ 75

檢舉耿際蘭 / 79

祭孔演奏的古樂：琴、瑟、壎、篪、排簫、祝、敔 / 82

認真學習兩條路線鬥爭的歷史 / 88

七屆二中全會報告　/89

〔散記〕/95

考慮寫忠於毛主席不徹底一文　/96

〔散記〕/99

〔建國以來的交代（一九四九——一九六七）〕/100

〔散記〕/112

〔散記〕/113

〔雜記〕/114

〔交代單慶麟〕/118

〔進牛棚三個月來的自我檢討〕/120

〔武占麟與馬騰驤〕/121

最近在學習班的收穫　/122

〔交代〕/124

〔檢查我的罪行‧李超雄〕/129

毛主席最新指示　十二月二十一日　/131

〔散記〕/132

〔散記〕/133

〔散記〕/134

〔散記〕/135

〔散記〕/136

〔散記〕/137

〔散記〕/138

〔散記〕/139

〔牛棚工作組提問〕/140

〔散記〕/141

史樹青　/142

張伯駒牛棚雜記（原稿）‧147

張伯駒簡譜‧288

參考文獻‧301

後記‧303

牛棚雜記（釋文、註釋）

# 〔擬交代問題總目〕 ①

一、省政校晚會。

二、在黨校講書法，在吉大講詞。

三、編寫紅樓夢曲。

四、檢查封建主義歷史文學藝術。

五、紅旗編者按上海機床廠調查報告體會。

六、古為今用洋為中用體會。

七、關於知識份子再教育問題體會。

八、毛主席最新指示：「廣大幹部下放勞動這對幹部是一種重新學習的好機會，除老弱病殘者外都應該這樣做，在職幹部也應分批下放勞動。」

（一）佟冬、鍾泰把持東北文史研究所。

（二）周信初反動言論。

（三）耿際蘭用胡江飛。

九、過去為館收購書畫及書畫展覽應當批判應當改　廟小神大。

十、過去對藝術的錯誤看法。

（四）鍾泰講福字為地主服務。

廣大幹部下放勞動，這對幹部是一種重新學習的好機會，除老弱病殘者外都應這樣做，在職幹部也應分批下放

勞動。

十一、對前途看法。

十二、武占麟是裴萬秋的反面教員。

十三、思想與病體。

十四、叢〔應為「從」，編者注〕鴻逵② 錄音 京劇小段子。

十五、相信群眾不夠，有中國赫魯曉夫群眾落後論思想。

十六、對民主黨派看法、楊花詞。

十七、雖然不同章、羅③ 共事，但也不與右派來往。

十八、潘素被武鬥事。

十九、自然災害時期聚餐、買手錶，不僅是生活奢侈問題與勞動人民對比是惡劣問題。

二十、看不起陳半丁想當政協委員。

二十一、書展、故宮佚畫展、書畫審定、藏畫集。

　　馬克思主義的哲學辯證唯物論有兩個最顯著的特點，一個是它的階級性，公然申明辯證唯物論是為無產階級服務的，再一個是他的實踐性，強調理論對於實踐的依賴關係，理論的基礎是實踐，又轉過來為實踐服務。

　　站在反動的資產階級立場上實行資產階級專政，將無產階級轟轟烈烈的文化大革命運動打下去，顛倒是非混淆黑白、圍剿革命派、壓制不同意見、實行白色恐怖、自以為得意。長資產階級的威風、滅無產階級的志氣，又何其毒也，聯繫到一九六二年的右傾和一九六四年形左而實右的錯誤傾向，豈不是更可以發人深醒的嗎？

二十二、在美協開會講書法　　在藝校講書法。

二十三、楊花詞與章伯鈞來往。

二十四、反右受教育與文化大革命受到教育的比較。

二十五、黃紹竑④談與章〔指章伯鈞，編者注〕來往聚餐。

二十六、家庭。

二十七、擁護毛主席不徹底，以封建主義《資治通鑑》出發，在西安聽説毛主席還看《資治通鑑》心裏很高興，不似工農兵擁護毛主席，從熱血、熱情出發，比爹比娘還親，這是世界觀根本問題。

二十八、搖擺性、反覆性、應當長期反省，六一⑤來吉林是錯誤的。

二十九、國學社、祭孔。

三十、騎射會。

三十一、過去批判鬧情緒不對，學習改造深入感覺好，況且為肅清劉〔指劉少奇，編者注〕餘毒和革命群眾都受教育，批判越多越好。

三十二、美協講書法，書法組成立機構，問宋振庭。

三十三、宋振庭説我不懂政治，要幫助，説我不及潘素。

三十四、宋振庭説我不是搞政治的，是才子名士流，我認為是知己，其實才子名士是文化革命對象。

　　拿我來説在這個歷史社會中是一個剝削者，如果與工農同吃、同住、同勞動三天，就看到自己滿身穢濁，不成個人樣子。

　　我過去是民主資產階級，舊知識份子。

　　在集體生活中我只能掃地打水，已感到落後，有些事不

知道、不會，請小組長多提意見。

　　撿地瓜、扔土豆、剝高粱杆，這樣勞動等於休息，但也算勞動了，心裏稍安，實在是慚愧。

三十五、吉林市講戲劇。

三十六、廣播電台錄音。

三十七、教戲、排戲、打譜。

三十八、社論兩條路線以及過去罪行。

## 註　釋

① 這個提綱是張伯駒在進駐牛棚時準備「交代」問題的總目錄，但在後面的「交代」中並沒有按這個順序來寫，而是把所列提綱的問題分散到不同的內容之中了。為保持「交代」的原貌，以下文字全部按原筆記本上的文字錄出。

② 從鴻達（1912－1998），字贊華，回族，天津人，畢業於南開大學，1949 年前曾在海關任職。著名京劇票友，尤其是研究京劇余派和梅派唱腔的專家。曾任全國京劇票友研究會名譽會長，天津文史館館員，天津余、孟藝術研究會顧問，天津梅蘭芳藝術研究會顧問。本段文字資料參見 2008 年內部印、張恩嶺主編：《張伯駒先生追思集》「《項城文史資料》總第十三集」之從鴻達〈回憶張伯駒先生〉。

③ 指章伯鈞和羅隆基。

④ 黃紹竑（1895－1966），字季寬，又號紹雄。廣西容縣人。保定軍官學校畢業，歷任廣西省主席兼桂軍軍長、湖北省主席、浙江省主席以及國民黨政府內政部長等職。1949 年為國民黨政府和平談判代表之一，後去香港，發表脫離國民黨政府聲明。新中國成立後曾任全國人大常委會委員、全國政協委員等職。本段文字資料參見李盛平主編：《中國近現代人名大辭典》，北京：中國國際廣播出版社，1989，頁617。

⑤ 指 1961 年。

# 毛主席在
# 全國宣傳工作會議上講話<sup>①</sup>

　　舊社會過來的知識份子對社會主義制度是不那麼高興的、不那麼歡迎的，對社會主義還有懷疑，但在帝國主義面前，他們還是愛國的。<sup>②</sup>

　　我對毛主席這一講話寫我的體會説：

　　主席的話使人們多感動，我不是不高興、不歡迎社會主義制度，對社會主義有懷疑。我更擁護社會主義經濟制度，因我是民族資產階級，受過買辦階級的壓迫，但我是封建餘孽，我對於封建主義的文化不惟沒有割斷，而還有所留戀，這就是我犯罪行的根源。

　　我寫這一體會就算完了嗎？説我是在帝國主義面前還是愛國的，就開脱一切了嗎？

　　我幾十年來腦子裏歷史存在一部《資治通鑒》；文學存在漢魏六朝文、唐詩五代宋詞；藝術存在晉唐宋元明清書畫；明清傳奇、崑曲、京劇，全是毒素。

　　最近學習《解放軍報》，大興黨的三大作風<sup>③</sup>社論：「中國赫魯曉夫這個黨内最大的走資派，長期推行反革命修正主義路線，抵制毛主席親自培育的黨的三大作風，販賣從孔夫

子到蔣介石的一套封建階級、資產階級的腐朽作風，妄圖腐蝕我們的階級、我們的黨和我們的國家，達到復辟資本主義的罪惡目的。」④

　　我幾十年腦子裏歷史、文學、藝術這一套是不是孔夫子封建階級的一套，就站到中國赫魯曉夫長期推行反革命修正路線上了，中國赫魯曉夫妄圖復辟資本主義，是帝國主義的代理人，我就成了帝國主義的代理人的走卒，這樣檢查以為在帝國〔主義〕面前還是愛國的，在邏輯上說不通，必深刻認識自己的罪行，把封建主義那一套毒素一刀斬斷，才能趕快回到毛主席路線上來。只說是在帝國主義面前還是愛國，那竟似□護對自己的改造不能徹底。

　　毛主席最新指示：「廣大幹部下放勞動，這對幹部是一種學習的好機會，除老弱病殘者外，都應這樣做。在職幹部也應分批下放勞動。」⑤

　　毛主席這一指示與知識份子與工農兵相結合及知識份子再教育問題，是馬列主義的根本的原則發展與實行。人類有史以來就存在勞動者與不勞動者兩個階級，勞動者生活就是勞動，勞動就是生活。不勞動者以不勞動而生活，就必然剝削勞動者，剝削者生活越好，勞動者生活越苦。自馬列主義學說問世才闡發真理，用革命鬥爭，由勞動階級推翻剝削階級。毛主席說馬克思主義的哲學辯證唯物論有兩個最顯著的特點：一個是它的階級性，公然申明辯〔證〕唯物論是為無產階級服務的；再一個是它的實踐性，強調理論對於實踐的依賴的關係，理論的基礎是實踐，又轉來為實踐服務，這兩

個特點就是馬克思主義哲學最根本的原則。

毛主席的放之四海而皆準、傳之千〔年〕而不易的《矛盾論》、《實踐論》兩大著作，就是闡明發展馬克思主義的哲學辯證唯物論，兩個顯著特點就是階級與勞動。

毛主席領導的文化大革命取得決定性勝利，發表知識份子與工農兵相結合，知識份子再教育，廣大幹部下放勞動一系列最新指示，是馬克思主義的哲學辯證唯物論兩個顯著特點，最根本的原則，付之實踐人人改造階級從事勞動是對於鞏固加強中國革命領導世界革命的歷史新時期的偉大措施。

拿我來說，在過去歷史社會中是一個剝削者，罪惡是數不清的。在現在集體學習改造中，我只能掃地打水，已感覺到落後，有時撿地瓜、扔土豆、剝高粱杆，這樣勞動等於休息，但也算勞動了，心裏稍安，其實很慚愧。如果我與工農兵同吃、同住、同勞動，就看見我滿身穢濁，不成個人樣子了。

毛主席指示廣大幹部下放勞動，這對於幹部是重新學習的好機會，除老弱病殘者外，都應這樣做。老弱病殘者，即使不能勞動，但必須認識勞動的重大意義，認識自己的階級，改造自己的階級，更要認識中國赫魯曉夫的階級息滅論、讀書做官論的抹殺階級脫離群眾與勞動的長期推行反革命修正主義的罪惡，時時不忘毛主席的指示，關於反帝防修使中國江山永不變色的百年大計，好好的來改造自己。

① 這篇講話是毛澤東於 1957 年 3 月 12 日發表的《在中國共產黨全國宣傳工作會議上的講話》，會議從 3 月 6 日至 13 日在北京召開。這篇文章連同《矛盾論》、《實踐論》、《關於正確處理人民內部矛盾的問題》和《人的正確思想是從哪裏來的？》一起稱為毛澤東的五篇哲學著作。

② 這段話選自毛澤東講話的第二點，全文是：

> 　　關於我國知識份子的情況。中國究竟有多少知識份子，沒有精確的統計。有人估計，各類知識份子，包括高級知識份子和普通知識份子在內，大約有五百萬左右。這五百萬左右的知識份子中，絕大多數人都是愛國的，愛我們的中華人民共和國，願意為人民服務，為社會主義的國家服務。有少數知識份子對於社會主義制度是不那麼歡迎、不那麼高興的。他們對社會主義還有懷疑，但是在帝國主義面前，他們還是愛國的。對於我們的國家抱着敵對情緒的知識份子，是極少數。這種人不喜歡我們這個無產階級專政的國家，他們留戀舊社會。一遇機會，他們就會興風作浪，想要推翻共產黨，恢復舊中國。這是在無產階級和資產階級兩條路線、社會主義和資本主義兩條路線中間，頑固地要走後一條路線的人。這後一條路線，在實際上是不能實現的，所以他們實際上是準備投降帝國主義、封建主義和官僚資本主義的人。這種人在政治界、工商界、文化教育界、科學技術界、宗教界裏都有，這是一些極端反動的人。這種人在五百萬左右的人數中間，大約只佔百分之一、二、三。絕大部分的知識份子，佔五百萬總數的百分之九十以上的人，都是在各種不同的程度上擁護社會主義制度的。在這些擁護社會主義制度的人的中間，有許多人對於在社會主義制度下如何工作，許多新問題如何了解，如何對待，如何答覆，還不大清楚。

本段文字資料參見毛澤東：《毛澤東論文藝》，北京：人民文學出版社，1966，頁 122－123。

③ 黨的三大作風是指：理論和實踐相結合的作風（理論聯繫實際的作風）；與人民群眾密切聯繫的作風；批評和自我批評的作風。這是毛澤東在 1945 年黨的七大政治報告中第一次明確概括提出來的，並作了全面、深刻的闡述。見〈大興黨的三大作風〉，參見《解放軍報》，1968 年 9 月 23 日，第 1－2 版。

④ 參見《解放軍報》，1968 年 9 月 23 日，第 1 版。

⑤ 這是《人民日報》關於〈柳河「五 ·七」幹校為機關革命化提供了新的經驗〉一文的編者按引用的毛澤東最新指示：「廣大幹部下放勞動，這對幹部是一種重新學習的極好機會，除老弱病殘者外都應這樣做。在職幹部也應分批下放勞動。」本段文字參見《人民日報》，1968 年 10 月 5 日，第 1 版。

# 遵守紀律的規定

一、思想上肯定來學習班是認罪和改造的。

二、一切服從專政組的指導和小組長的指導。

三、坐在自己的床鋪上不到任何人的床鋪上。

四、不與別人談閒話。

五、聽讀報時不得打瞌睡。

六、白天不躺臥（如因病須躺臥事先向小組長請假）。

七、寫材料必須在星期五寫好，星期六交出。

八、飯碗洗臉盆用完涮洗乾淨。

九、理髮不搶先，最後去理。

十、爭取室內掃地、打水、洗痰盂的勞動。

十一、爭取病體能勝任的勞動，即勞動慢一些，但不敷衍了事。

十二、每日要讀《毛主席語錄》、《紅旗》雜誌、《人民日報》、《吉林日報》社論和重〔要〕報道 按規定時間。

十三、每日吸煙至多不超過兩次。

十四、小組長和學習同人對我提任何意見要誠懇接受。

十五、吃飯菜不得留剩底。

十六、對向毛主席敬禮請罪必須要衣服整齊，鈕扣扣好，嚴肅恭敬。

# 〔揭發佟冬、鍾泰及
東北文史研究所〕

　　佟冬①、鍾泰②狼狽為奸，把持東北文史研究所成了他們的獨立王國。約請外地來研究所講學都通過鍾泰，鍾講論語孟子依據朱熹學説，至外間稱東北文史研究所為朱家大院。佟冬、鍾泰約上海向迪宗〔應為向迪琮，編者注〕③來研究所講詞，向迪宗是偽國民黨重要份子張群④的至友，曾任國民黨偽政府局長，一九四八年還在職，我知道此事，特予檢舉。

　　在南宋提倡朱熹理學弄得人的頭腦冬烘⑤，喪失禦侮的士氣，以致亡國。當毛主席領導中國和世界革命反帝反修的時代，而東北文史研究所，大講朱熹的理學，腐蝕青年，這是極其反動的事。

　　又佟冬、鍾泰。

　　六二年國慶節前，文學藝術界聯合會在市賓館聯歡，我到賓館時劇協王玉蓉⑥、梁小鸞⑦、毛世來⑧，曲協馬忠翠⑨、花蓮寶⑩都向我打招呼，我先到美協那邊與王慶淮等坐在一起，後到王玉蓉、梁小鸞、毛世來那裏和馬忠翠、花蓮寶那裏坐一下。花蓮寶請為她編寫一段梅花大鼓劇詞。我

說曲藝我不會，須有原來的劇詞注明從哪裏轉快板，可以參照着寫。以後由馬忠翠送來劇詞，説花蓮寶得肺病，住在醫院，並同我到醫院看了花蓮寶。我對她說：現在病中，劇詞不急需，以後再寫。

花蓮寶出院後春節回北京了。六三年夏回長春，我去看她，準備給她寫劇詞，她說全國曲協副主席馮□□（名不記憶）問他能不能編寫《紅樓夢》，全部編寫成梅花大鼓詞，她說能，意思就要我來編寫。我說可以，我就給出版《紅樓夢新證》的周汝昌⑪（以前燕京大學研究生，聽過我的課）寫信告知此事，他對《紅樓夢》熟悉，要他定回目。後省政校放暑假，我回北京見着周汝昌，商定由他定二十個回目與我分寫。我回長春後此時已進行京劇改革，我見到花蓮寶，問她《紅樓夢》全部劇詞是否還編寫，她說不編寫了，我即寫信告知周汝昌停止編寫。⑫

毛主席七十大慶不做壽，他老人家只約程潛⑬、章士釗⑭、葉恭綽⑮陪主席他老人家吃一次飯，程、章、葉各有詩詞祝壽，章士釗、葉恭綽把他們印的祝壽詩詞送我一份，我編寫了祝毛主席七十大慶曲藝劇詞寄給花蓮寶交卷。

我與周汝昌如果編寫了全部《紅樓夢》曲藝劇詞，則毒害青年，與俞平伯⑯一樣的罪行，雖沒有編寫，但有此一事也應當交代出來。

① 佟冬（1905－1996），滿族，遼寧遼陽人，字竹生。畢業於東北大學，是著名歷史學家、教育家，同時又是一位德高望重的社會科學事業的組織者、領導者。1961年春，佟冬赴瀋陽籌建東北文史研究所，年底該所即由瀋陽遷至長春。1962年佟冬出任所長，主持全面工作。1978年任吉林社會科學院院長兼黨委書記。參與編著了《中國通史簡編》，主持編寫了《中國東北史》、《靜吾室日記》、《沙俄與東北》、《日本帝國主義侵華檔案資料選編》。尤其是積極促成了歷史學家金毓黻（1887－1962）《靜晤室日記》的出版，功不可沒。

② 鍾泰（1888－1979），江蘇南京人，早年肄業江南格致書院，後留學日本，畢業於日本東京大學。1948年任教光華大學。1949年後入華東師範大學。後又調入上海文史館。1962年應佟冬之邀請，遠赴長春東北文史研究所講學，1966年返回上海。鍾泰畢生精力於國學研究，精於周秦諸子、宋明理學的研究。著有《中國哲學史》、《莊子發微》、《荀注訂補》、《國學概論》等。

③ 向迪琮（1889－1969），字仲堅，四川雙流人，同盟會員，大學教授。向迪琮知識淵博，兼擅自然科學、文史和醫學。早年有詩名，對詞學更有較深的造詣，是近代中國詞壇上有一定影響的人物。著作有《柳溪詞話》、《雲煙回憶錄》、《玄墨室知見墨錄》；輯錄有《歷代名賢畫粹》、《玄墨室畫集》等。

④ 張群（1889－1990），字岳軍，四川雙流人，早年就讀保定陸軍速成學堂，1908年赴日本留學，與蔣介石同學於振武學堂，其後曾參與辛亥革命，為國民黨元老。1949年後隨蔣介石撤退台灣，晚年與大畫家張大千交好。1990年12月14日逝世於台北，享年101歲。有《中日關係密錄》等著作行世。

⑤ 迂腐不化之意。

⑥ 王玉蓉（1913－1994），女，上海人，京劇旦角演員。藝宗程硯秋，1933年拜師王瑤卿。1953年任武漢京劇團副團長。後調入上海新民

京劇團任主演。1957 年又調入北京和平京劇團任副團長。後奉調吉林省京劇團任副團長，1964 年調吉林省戲曲學校任教，1974 年退休回北京定居。

⑦ 梁小鸞（1918－2001），女，河北興安人。幼年先學梆子，後改學京劇，1940 年拜王瑤卿為師。1944 年又拜梅蘭芳為師，專工青衣。1960 年調吉林省，任吉林省京劇院副院長。在長春期間，梁小鸞與張伯駒先生多有合作，對伯駒先生執弟子禮，伯駒先生亦感慨：「內行之對前輩者如此，古風也。」並賦詩紀之：

  學來梅派亦傳人，同客遼西是比鄰。
  禮貌能知前後輩，提前演出玉堂春。

⑧ 毛世來（1921－1994），原籍山東掖縣，生於北京。七歲入富連成科班學藝，後拜師梅蘭芳，主攻男旦，後又拜尚小雲為師。與李世芳、張君秋、宋德珠並稱為「四小名旦」。1949 年，他在北京組建了和平京劇團。1958 年被調長春任吉林省劇協主席、吉林省京劇團團長、吉林戲校校長等職，晚年在吉林戲曲學校從事教學工作。

⑨ 馬忠翠，生卒年不詳，女，著名大鼓書演員，河南封丘人，父馬文元是豫劇演員。她十二歲開始在開封演出，1941 年左右到京津一帶演出，並逐漸在北京天橋紮下根。1949 年後，在天橋成立新藝曲藝團，馬忠翠任團長，1960 年底，為支援東北文化建設，新藝曲藝團三十餘人集體調往吉林省長春市，組建吉林省廣播曲藝團，馬忠翠 1970 年退休後回到北京居住。

⑩ 花蓮寶，1931 年生於天津。原名劉淑一，十七歲拜「盧派」（也稱花派）創始人盧成科為師，學習梅花大鼓，是「盧派」梅花大鼓的第一代傳人。在北京拜白鳳岩為師後演出了大批的新梅花調。上世紀五十年代到東北長春曲協工作，文革後調到中國曲協，現退休。

⑪ 周汝昌（1918–2012），天津人，字禹言，後改字玉言，號敏庵，別署解味道人。著名紅學家、詩人、書法家，平生勤於著述，共有七十餘部學術著作問世，其代表作《紅樓夢新證》是當代紅學史上具有劃時代意義的重要著述。

⑫ 為了解《紅樓夢》大鼓詞一事，筆者曾於 2011 年秋到北京航天航空大學訪談周汝昌先生女兒周倫苓女士，周女士告訴我，因年事已高，周汝昌先生多臥床嗜睡，不便見客，答應詢問周老後回覆此事，並贈我周汝昌先生簽字新書《蘭亭秋夜錄》和與書法家田英章先生合著《千古奇文千字文》兩本。兩日後，周倫苓女士回電予我，並告知周汝昌先生清楚地記得此事，只是張伯駒先生的來函因文革抄家已不知去向，有關《紅樓夢》大鼓詞，周汝昌先生確實有創作。隨後我便在周汝昌先生與其公子周建臨先生合著的《紅樓真影》（原書名為《紅樓夢的歷程》，1989 年由黑龍江人民出版社發行）一書中找到了這段大鼓詞：

周汝昌《燕市悲歌》（大鼓詞）

風雨飄蕭黃葉村，
西山何處吊詩人？
滿徑蓬蒿生茂草，
當門野浦聚寒雲；
秦淮舊夢人猶在，
燕市悲歌酒易醺。
弦索含音鼓板動，
唱一段萬丈光芒、千古不朽、十年辛苦、一身零落的曹雪芹。
自從那雪芹離了宮庭後，
幸遇得，相府明公聘往做西賓。
人人誇獎，說曹先生才高兼學富，
只可惜，他行為乖僻，言語愛傷人。
論交遊，他不近高門、偏親下賤，
發狂論，異端邪說敢謗聖賢人。
因此上，東家怒惱說「真不成話」！

敗家子，浪蕩胡為辱沒斯文。
逐客令，一聲「請吧」人來傳話，
相府門，趕走了落拓的公子曹雪芹。
霎時間，滿京師傳遍了九城之內，
酒樓茶肆議論紛紛。
從此後，誰還再敢將他招聘，
偌大的北京城竟無寸土容許暫棲身。
無奈何，拂袖離了這京城之地，
出西郊，人跡罕到寄山村。
且喜他，風晨月夕襟懷潤，
且喜他，階柳庭花筆墨新。
飢寒困頓何足論，
賣畫食粥酒數巡。
滿懷的奇氣雲煙落紙，
一腔悲憤血淚成文。
多虧了，有一位夫人為內助，
胭脂磨硯寫朱痕。
他二人，相依為命生死共，
卻不道，人言嘖嘖血口噴。
說什麼「好一個司馬相如充才子。
窩藏個，罪人之女活賽卓文君。
似這等，人倫敗壞全無恥，
不顧世道與人心 —— 這曹家出了個不肖子孫」。
這一日，雪芹脂硯調墨添香相對坐，
談笑風生共論文。
脂硯說，論為人你無愧書中癡公子，
我自問，怎比那光風霽月、侯府千金的史湘雲。
大觀園試才寫得好，
為什麼怡紅小院缺少一副對聯的文？
雪芹連說這有何難，有、有、有，
我說你寫，管教它對仗精工筆意新。
上聯寫，依檻書成春燭展，

下聯配，捲簾花映曉霞勻。
脂硯連呼妙極真是好，
風流文采，全無有一點落俗塵。
更奇者，兩句暗藏一紅一綠，
這才是，蕉棠二景左右分。
正是他，口角含香共將佳句品，
猛聽得，人聲鼎沸亂打門。
這雪芹，大步出迎問是「何事」？
見一夥，橫眉豎目似凶神。
不容分說齊闖進，
翻箱倒篋大搜尋。
說「你每日寫的是何事物？
反書謗語滿紙胡雲！
現如今你的熟人告密到官府，
你屋內，筆墨紛紜是證人」。
搶書稿，百餘巨卷不遺片紙，
　最可傷，那都是字字珠璣、瀝血與嘔心 —— 動魄驚心書成泣鬼神！
雪芹大罵「好一群惡奴兼走狗，
我誓與爾等周旋到底死生拼」！
又誰知，欺凌逼迫還無已，
那兵役，掀房揭瓦、推牆倒炕、毀灶與抽薪。
眾惡奴，摧殘盡興揚長而去，
這雪芹，悲憤填胸病轉深。
痛書稿，八十回後成灰燼，
「我書亡人逝，書在人存！」
脂硯說：「他們抄走書稿終何礙，
你還有人在心在、手存筆亦存！
從頭再運如椽筆，
更寫新篇續舊文。」
雪芹聞說連稱好、好、好！

這才是，知情知意更知音。

這雪芹，掙扎精神重奮筆，

又誰知，皇城以內另有陰謀藏禍心：

毀真書，續假稿，偷天換日，

冒名惑眾，偽稱「全本」是雪芹。

這一段奇冤冤深似海，

到後來，雪芹心傷淚盡、命逝在荒村。

這一回，文星隕落西山震，

人神共憤，流恨滿乾坤！

幸而今，中華文史光重顯，

掃烏煙、驅濁霧，皓月卷浮雲。

本段文字參見周汝昌、周建臨：《紅樓真影》，濟南：山東畫報出版社，
2009，頁 182－185。

⑬ 程潛（1882－1968），字頌雲，湖南醴陵人，一生傳奇，是前清秀
才、國民黨一級陸軍上將。1903 年，程潛棄文習武，以第一名的成績
考取湖南武備學堂。1904 年被保送到日本留學。1905 年 8 月，加入
同盟會，追隨孫中山從事革命。1949 年，中華人民共和國成立後，
歷任中央人民政府委員，全國人民代表大會常務委員會副委員長、國
防委員會副主席，湖南省省長、中國國民黨革命委員會副主席等職。
為毛主席寫祝壽詞的由來是，1963 年 12 月 26 日是毛主席的七十大
壽，1963 年年初，程潛邀湖南老鄉章士釗先生和葉恭綽先生以及杭
州的馬一浮、上海的沈尹默、四川的謝無量諸先生同為毛主席創作祝
壽詩歌。同年 8 月，程潛先生詩成七律十二首，據程潛先生的女兒程
瑜回憶：父親親自選出書稿，交由秘書楊慎之送到北京榮寶齋裝裱成
三本冊頁，其中最好的一本的封面、封底，採用的是中國紅金絲纏花
雲文圖案綿緞面料，極為亮麗喜慶，另外兩本則用的是普通的錦緞。
每本冊頁都有章士釗先生親筆書寫並加蓋印章的題簽：「為毛澤東主席
七十大壽祝詩」。父親在詩後簽署的日期是：一九六三年國慶日造，署
名：程潛，並加蓋了自己最中意的印章。那年他整八十一歲。程潛先
生祝壽七律詩附後：

## 毛澤東主席七十大壽祝詩

### 其一

靈椿長壽不為壽，至德安仁亦利仁。

道大為公天可則，物窮其極理皆真。

鵷雛振翼鴞生妒，海若回潮水共親。

遠屆八荒齊拜手，堂堂赤制有傳薪。

### 其二

平生罕說智仁勇，智勇兼仁作一家。

天地立心觀不滅，痌瘝在抱意無涯。

良醫肱折自神技，老樹高枝皆好花。

龍馬負來《資本論》，鑿開混沌見光華。

### 其三

迢迢京闕隱蘢蔥，大纛高懸映昊穹。

建國辛勤弘物質，齊民寅亮代天工。

道包本末權衡定，政徹初終上下共。

正德厚生並利用，萬般經制一般紅。

### 其四

大軍南下氣恢張，群醜如驅早自飏。

東起淮揚通百粵，西包滇藏到新疆。

遠來近悅兄迎弟，女躍男歌酒有漿。

我本多年邀默契，喜從中夜挹明光。

### 其五

徐淮大捷北投戈，輿頌歡娛貴在和。

罪表毒夫應不赦，章刊戰蠹亦無訛。

月明清浦聞天鼓，風送金鼓吹國歌。

夜半渡江傳令急，洸洸正氣壯山河。

### 其六

民猶水也民為貴，緊握靈樞定一尊。

謀大不遺防鼠竊，助多焉用怕鯨吞。

鏖兵遼瀋空諸巷，困敵京圻斷只轅。

陶鑄降俘三百萬，到頭勝利屬元元。

〔揭發佟冬、鍾泰及東北文史研究所〕

## 其七

八年歸馬轉多悲，奸宄橫行世共知。
作計敗盟張虎欲，甘心賣國與狼私。
藉無平地成天法，會有崩山竭海時。
聽到來蘇呼滿野，看他枯朽一朝夷。

## 其八

左蠹飛揚不怕難，征程萬里達天山。
橫過青藏人餐雪，遞聽燕雲敵闖關。
攘遏勝籌猶掌運，陶甄氣類互心安。
洪圖衛國加經野，衝破重圍賊膽寒。

## 其九

長短縱橫未肯齊，誰憑靈憲定高低。
害群駻馬終歸北，得意春風盡向西。
月照桂林籠鬼影，道揚遵義踏天梯。
朱旗北斗交相映，萬水千山路不迷。

## 其十

揭來手捧西來法，密結宗盟取次傳。
直北已看經散地，入南真覺道同肩。
風開粵海蒙求聖，雲暗長江龍禦天。
一自豫章揚赤旆，亢陽有悔七逾年。

## 其十一

天安門啟一聲雷，中國人民站起來。
合德同仇精爽緊，傷窮憫白智謀該。
山呼永雪臣奴恥，海納長儲創建才。
氣象萬千光八表，裁成新自鬥爭回。

## 其十二

萬匯人天指畫清，要憑主義換和平。
早知豺虎非吾類，未必鷗鴉變好聲。
滄海月明看魍魎，神州日食任虧盈。
三多古話應恢廓，大量無虛帶至誠。

本段文字見：章士釗、程潛：《章士釗詞集‧程潛詞集》，長沙：湖南人民出版社，2009，頁 93－95。

⑭ 章士釗（1881－1973），湖南省善化縣人，字行嚴。早年留學日本，1917 年，應陳獨秀之邀任北京大學文科研究院教授並兼圖書館主任。1920 年，早期中國共產黨組織赴法勤工儉學運動，毛澤東拜見章士釗，求予留法資金資助。章士釗即贈二萬元鉅款，此一善舉令毛澤東感念終生。另外章士釗又是我國近現代著名的學者和社會活動家，有《柳文指要》一書刊行。

⑮ 葉恭綽（1881－1968），字裕甫（玉甫、玉虎、玉父），又字譽虎，號遐庵。廣東番禺人。書畫家、收藏家、政治活動家。出身書香門第，早年留學日本。在日本加入孫中山領導的同盟會。曾任北洋政府交通總長、孫中山廣州國民政府財政部長、南京國民政府鐵道部長。1927 年出任北京大學國學館館長。1949 年後，他曾任中央文史館副館長和北京中國畫院院長等職。葉恭綽為毛主席所作祝壽詩為長詩《乾元頌》：

乾元頌凡七十韻敬為　毛主席七十生日壽
——依柏梁體用中華新韻十六唐韻

乾元出震臨東方，祝融炎德輝衡湘，星雲紃縵徵降祥，毓生巨人韶山鄉。
坐揮神筆施弘綱，群黎來蘇和春暘，誰知宵旰猶未遑，危微精一如陶唐。
羅胸萬卷生光芒，典墳邱索發蓋藏，昔之學術儒墨楊，百家諸子韓管商。
顧工身猶百煉鋼，拍浮方渡揚子江，破浪不用一葦杭，文詠餘事何喬皇。
韓柳歐蘇相頡頏，標新領異窮微茫，指導藝苑成津梁，紅霞東升明朝陽。
經典九譯馳重洋，功績奚啻綏萬邦，摩天巨刃千丈強，障川力挽狂瀾狂。
蚍蜉撼樹空披猖，反修洞照其肺腸，反帝反殖方喤喤，民族自決成憲章。
普及教化增序庠，人皆識字無文盲。尖端科技蘊奧詳，文藝昭然為國光。
百家流派爭低昂，百花齊放春風香。高瞻遠矚達四窗，公心勞矣民其康。
普建大鼓聲其鏜，亞非拉美風泱決，霆奔電掣勢莫當，威弧一轂殲天狼。
建設進步超飛翔，紅旗三面雲霄颺，謳歌公社登豐穰，農工耕織盈倉箱。

擷其菁英篩粃糠，嗤彼伊雒詡聖王，一孔之見走且僵，先知先覺與明良。
馬恩列史齊雁行，辯證唯物洪鐘撞，更標實踐為之倡，以矛攻盾理論昌。
文謨武烈同輝煌，高揚真理開天荒。風雷崛起天戈揚，改革土地與群氓。
長征萬里如戶堂，藍蕐手啟躋康莊，韜鈐只顧銷欃槍，東征西望雲霓望。
各族同等皆軒輊，祝公綿算扣天長，自今以始方未央，我今耄矣嗟精亡，
仰瞻喬嶽森青蒼，衢歌巷舞同趨蹌，愧無健筆龍文扛，待勒金石銘旗常。

一九六三年冬日
葉恭綽　時年八十有二

⑯ 俞平伯（1900－1990），原名俞銘衡，字平伯，浙江湖州人。著名紅
學家，清代樸學大師俞樾曾孫。與胡適並稱「新紅學派」的創始人。
歷任北京大學教授，中國社會科學院文學研究所研究員等職。著有《紅
樓夢研究》、《論詩詞曲雜著》、《紅樓夢八十回校本》及《俞平伯散文
選集》等。

# 我對前途的看法

　　在學習班中，館內幾位同志各有不同的對自己前途悲觀的情緒，我對前途的看法，個人的前途與忠於毛主席，與毛主席領導的中國革命、世界革命分不開的，與中國七億人民分不開的，例如老弱病殘以及退休人員（工人也退休）他們就沒有前途了嗎？他們一樣忠於毛主席（報上常見到小孩、老頭熱愛毛主席的事情），無論在農村、工廠、機關、家庭都有前途，老弱病殘以及退休人員是毛主席領導七億人民之內的站在毛主席的路線上。就是前〔原文如此，編者注〕如果單從個人歷史、成分、業務、年齡、體力（還有黨員，七億人民內有多少黨員，除黨員外其餘的人就沒有前途了嗎？）單方面來看，那就受了中國赫魯曉夫讀書做官論的毒害。

　　在毛主席領導中國人民為領導世界革命在反帝反修新歷史時期作為中國人民之一的就是前途。

　　五八年自然災害時期，故宮博物院要買我所藏的宋徽宗《雪江歸棹》圖卷 ①，這時我的圖卷在榮寶齋複製，故宮博物院急於要，由我給榮寶齋寫信，故宮博物院直接拿去，給價兩萬元。因為故宮博物院先買去惠孝同 ② 藏的宋王詵 ③《漁

村小雪》④，價兩萬元，宋徽宗這一卷比王詵卷重要，後有宋蔡京及明王世貞、王世懋、董其昌跋。我有這兩萬元製衣服、買手錶及飲食方面，幾年間根本不知道有自然災害，這不僅是生活奢侈問題，要與勞動〔人民〕來對比是一個罪惡。

　　但另一方面也看到了社會主義的政治優越性。在抗日時我住在西安，值陝西旱災曾看見逃難成群的鄉民，肩擔兩個筐子，一個筐子裏是破被褥，一個筐子裏是兒女，向外地討飯，而官民□□□〔此處三字辨識不清，編者注〕官吏與奸商則在河南買大量糧食運往陝西高價賣出發財，結果把河南的糧價也買高了，一省的災變成兩省的災害。在毛主席領導新中國，這時自然災害是普遍，而且還了蘇修〔指蘇聯，編者注〕全部借款，但絕沒有餓死人和逃難的事，城市人民不過暫時減糧食，供應一斤，最多至三斤而已，當時人們認為經濟恢復需要十年，但至六三年已經恢復如常，這不獨顯示社會主義政治優越，而並使資產階級反動學術權威的經濟學說破了產。

## 註　釋

① 即北宋皇帝趙佶（1082－1136）所繪的唯一一幀保存至今的山水長卷，畫為淺絳絹本，縱 30.3 厘米，橫 190.8 厘米。所繪內容主要表現雪後郊野的江山勝景。畫幅以手卷的方式自右向左徐徐展開，首先映入眼簾的是平遠空曠的郊野，遠山是一片銀妝素裹，近處的江面上則歸舟扁扁，岸上行人數行，給略顯蕭疏的畫面帶來些許生氣。卷後有

一代權相蔡京的題跋：「伏觀御制《雪江歸棹》，水遠無波，天長一色，群山皎潔，行客蕭條，鼓棹中流，片帆天際，雪江歸棹之意盡矣。」畫卷左上方有趙佶瘦金體親筆所題「雪江歸棹圖」，卷末有草押「宣和殿制」及「天下一人」。伯駒先生素喜此卷，曾評閱：「後有蔡京跋，（宋徽宗）雖為誤國君臣，而藝苑風流，自足千古。」此卷為伯駒先生舊藏，還一度為未來得及在畫幅上題跋而遺憾：「《雪江歸棹》卷昔藏餘手，惜未題之。」本段文字參見張伯駒：《煙雲過眼》，北京：中華書局，2014，頁 47－50。

② 惠均（1902－1979），滿族，字孝同，號晴廬、拓湖、松溪，北京人。早年參加湖社畫會，並拜社長金北樓為師，任畫會理事。與文博大家王世襄先生（1914－2009）一生友好。1949 年後供職於北京中國畫院，是中國美術家協會會員。擅長山水畫創作，並精於古書畫鑒定。1956 年參加文化代表團出訪印度尼西亞，並舉辦了印尼寫生展。本段文字參見俞劍華編：《中國美術家人名辭典》，上海：上海人民美術出社，2004，頁 1069。

③ 王詵（約 1048－約 1104），字晉卿，山西太原人，後徙居開封。北宋山水畫大家，與蘇軾、黃庭堅、李公麟等人交好。東坡居士曾賦詩稱讚他：「風流文采磨不盡，水墨自與詩爭妍。」王詵擅畫山水，宗王維、李成，喜作寒林幽谷、煙江雲山圖，其筆墨清潤明潔，青綠設色亦高古絕俗。存世重要作品有《煙江疊嶂圖》、《漁村小雪圖》及《溪山秋霽圖》等。本段文字資料參見梁白泉主編：《國寶大觀》，上海：上海文化出版社，1990，頁 488。

④ 王詵繪《漁村小雪圖》卷，絹本設色，縱 44.5 厘米、橫 219.5 厘米，現藏北京故宮博物院。此圖是王詵學習李成而又自成一家的重要作品，其所繪景色正如《宣和畫譜》所言：「寫煙江遠壑，柳溪漁浦，晴嵐絕澗，寒林幽谷，桃溪葦村，皆詞人墨卿難狀之景。而詵落筆思致，遂將到古人超軼處。」此圖曾經清代大畫家王翬珍藏。本段文字資料參見梁白泉主編：《國寶大觀》，頁 487－488。

# 來長春前

一九六一年九月，吉林藝專美術系副主任史怡公還有國畫教員卜孝懷（皆北京畫家，現史怡公退休在北京，卜孝懷現在省藝校）去北京到我家約我愛人潘素去吉林教國畫，我愛人以我年老不能離開為辭，史怡公説可以同去，他先回長春安排好後給我們來信，我們再去。

九月下旬，吉林省駐京辦事處蘇明（藝專總務處長）送電報到我家要我們去長春，我們答應十天後動身，行前我給陳毅副總理去一信，説我五七〔指 1957 年，編者注〕與公見一面至今未忘，承黨不以衰朽見棄，約去吉林教課，不日成行，特函告辭。

二日後陳總派車接我到中南海見面，陳總問我：到吉林教什麼課？

我説：到藝專教書法史、繪畫史、詩詞等。

陳總説：這是你的專長。

又問我：右派帽子摘掉了沒有？

我説：還沒有摘掉。

陳總説：你是舊文人，難免性情孤僻，新事物知道又少，或為人所不諒。你的一生所藏的書法精品都捐給國家

了，你還會反黨嗎？我同他們說給你改一改好了。（原話改一改摘掉帽子的意思）

我說：我受到教育，對於我很有好處。

陳總說：你這樣說很好，我謝謝你。

又說：你到吉林，我對那方面關照一下。

最後勉勵：要忠於毛主席，忠於社會主義，這是人頭落地的事情（原四川話），我跟毛主席幾十年了，都聽毛主席的話。

我告辭時並說：有什麼事隨時通信。

# 來長春後

六一年十月二十日前我同我愛人潘素到長春火車站，接的有史怡公、卜孝懷及省博物館賈士金①。下車先到省博物館，由辦公室胡主任〔即胡守雲，編者注〕（劉西林②的愛人）把我們安排到省人委招待所居住，後見到史怡公，他說：我沒有給你們寫信，你們怎麼來了？怎麼又有博物館的人去接？

我說：有電報要我們，怎麼先到博物館我也不知道。

第二天，博物館副館王承禮③來看我，沒有談到我工作問題，又過一天，文化局副局長劉西林來看我，告知潘素在藝專教課，我在博物館工作。文化局長高葉④也曾來看我，我沒在招待所，沒有見着面，後來王承禮陪宋振庭來看我們，見面就說我們一見如故。接着又看潘素帶來她所畫的畫，看完後，宋振庭說：去藝專吃晚飯。

我與潘素同宋振庭坐一個汽車，王承禮坐司機旁邊，在車內，宋振庭對我們〔說〕叫我們來的電報是他打的。

十一月，我同王承禮、鄭國（博物館研究書畫職員）去瀋陽參加遼寧省博物館書法展覽及瀋陽故宮博物館，回長春後移居藝專南湖宿舍。

十二月，同鄭國去北京收購書畫，⑤ 六二年元旦前回長春，藝專放寒假，與潘素回北京過春節。這時我在博物館雖已工作，但名義工資還沒有定，曾接王承禮一封信説：由於我的特殊情況，名義工資還未定，現在要定名義工資，即將發表。在北京一個月，我回長春後，北京市民盟摘掉右派帽子，吉林省文化局發表我任博物館副研究員，工資一百四十九元五角，自六一年十月起發，王承禮曾問我工資是否定少了，我說不少，才將工資都發給我。

六二年約三、四月間，省政協開擴大會議，我被邀請列席，宋振庭對我説是他推薦的，宋振庭又問我：怎麼認識陳毅副總理的？

我説：陳總能做詞，我也做詞，這樣認識的。

王承禮也問過我，也是這樣説的。我與陳總談的話都沒説過，我來吉林省後，未來前與陳總見面，沒有向任何人説過。宋振庭知道一定陳總向省方面的關照，但我沒有問宋振庭陳總是向哪方面關照，宋振庭也沒有説過。

六二年五月，東北文史研究所成立，要調我到東北文史研究所去教課，宋振庭不同意，説：兼課可以。

高葉同我説：不要去東北文史研究所，吉林省有的是事做。

我在博物館同鄭國一室辦公。一天，我到館，宋振庭正與鄭國談我的問題，要我任副館長，我等宋振庭走了我才進屋，以後高葉正式徵求了我的意見，發表我任副館長，以後宋振庭對我説：是與統戰部商量好的。

六二年九月底，我移居東北文史研究所宿舍，是宋振庭與東北文史研究所商量的，為的我在文史研究所兼課（以後也沒有兼課）。

六二年十一月，宋振庭在北京開會，打電報要我去北京收購書畫，在北京見面，一天晚上飯後步行，宋振庭同我說有人向省委反映，他與于省吾（吉大歷史系教授）⑥和我來往，他已向吳德⑦書記彙報説，于省吾和我都是舊社會知識份子代表人物，和我們〔交往，編者注〕知道不少事情，別無其他，而且我是陳總有話交下來的。

六三年底，我曾寫信辭副館長職，去宋振庭家面交給他，宋振庭看過後說：你的職務是大家商量定的，你還好好的幹下去。

六五年冬，國務院動員年老有病人員退休，我曾以書面向文化局申請退休，文化局未予批示。

六五年底，我回北京治牙疾。

六六年三月，宋振庭去北京治病，我同他談到我退休問題，他又說到以前有人反映他與于省吾和我來往，他已向吳德書記彙報的話，並説反映他的人就是劉西林，現在劉西林犯了錯誤，他還升了一級；又説，我收購書畫都經過複查，我寫的《春遊瑣談》⑧也經過調查，於我有好處，在北京與文史館一些老頭子來往沒有關係，勸我再幹一兩年。宋振庭四月回長春，我七月回長春。

## 註 釋

① 賈士金，曾任吉林省博物館研究員，吉林省文化廳副廳長，吉林省博物館學會領導。著有《吉林省通志》卷 43《文物志》、《博物館科學研究工作》（未定稿）等。

② 劉西林（1920－1998），河北南皮人。1936 年畢業於簡易師範，後從教。1938 年參軍，1943 年春根據家鄉小調《十二月》創作了著名歌曲《解放區的天》。1948 年任東北電影製片廠演員、組長、工會主席、黨總支書記、副廠長。1958 年任吉林省文化局副局長；1963 年調任北京，歷任國家對外文委演出公司副經理、中國人民對外友協副秘書長、駐外使館政務參贊等職。

③ 王承禮（1928－1996），著名的渤海史研究專家。遼寧興城人，畢業於東北師範大學。畢業後在長春市中學教師進修學院任教師，並擔任副教務主任。1956 年調任吉林省博物館，擔任副館長。文革中，被戴上「走資本主義道路的當權派」的帽子和走白專道路的典型，受到批鬥和毆打。1982 年調任吉林省社會科學院副院長一職。著有《渤海簡史》等著作。本段文字資料參考王巍：〈父親王承禮的學術事業〉，《昭烏達蒙族師專學報（漢文哲學社會科學版）》，2000 年第 5 期，頁29－32。

④ 高葉（1920－2007），河北深澤人。1938 年參加革命工作，1945年入黨，歷任深澤縣青年抗日救國會宣傳幹事，120 師 5 支隊宣傳隊長，吉遼軍區怒吼劇團團長、東北局文藝工作二團副團長、吉林軍區政治部文工團副團長、吉林省文藝工作團團長，吉林省人民政府文教廳文化處副處長、中共吉林省委宣傳部文藝文化處處長，吉林省人民政府文教廳副廳長、省文化局副局長，吉林省文化局局長、黨組書記，中共吉林省委宣傳部副部長，中共吉林省委宣傳部顧問等職務。本段文字資料根據「高葉同志逝世」公告整理，長春黃海先生提供。

⑤ 張伯駒先生由鄭國陪同於 1961 年 11 月 17 日出發，一同到北京為吉林省博物館購畫，12 月 18 日張伯駒先生先回長春，鄭國因事六天後始返回。本段文字資料據編者所藏「張伯駒、鄭國出差（調遣）旅費報銷表」記載。

⑥ 于省吾（1896－1984），遼寧省海城縣人。傑出的古文字學家。字思泊，號雙劍誃主人。1919 年畢業於瀋陽國立高等師範。後長期致力於古文字學、考古學等方面的研究。曾任教於輔仁大學、北京大學、燕京大學等，為故宮博物院專門委員。1955 年起任東北人民大學（今吉林大學）歷史系教授。著有《甲骨文字釋林》、《雙劍誃吉金文選》、《雙劍誃吉金圖錄》、《雙劍誃古器物圖錄》、《商周金文錄遺》等專。本段文字資料主要參考李盛平主編：《中國近現代人名大辭典》，頁 8。

⑦ 吳德（1913－1995），河北豐潤人。1933 年加入中國共產黨。1940 年到延安，1945 年後任冀東區委書記兼唐山市委書記。中華人民共和國建國後，任燃料工業部副部長，1955 年 2 月至 1966 年 5 月任中共吉林省委第一書記，1966 年後任中共北京市委第二書記，北京市革委會主任，中共北京市委第一書記，北京軍區政委。為中共八屆中央候補委員、九屆中央委員，十、十一屆中央政治局委員，第四、五屆全國人大常委會副委員長，十一、十二屆中顧委委員。

⑧ 張伯駒先生到吉林省博物館任職後，閒暇之餘，常常邀請于省吾、羅繼祖、單慶麟、阮鴻儀及裘伯弓、惲寶惠等同好結社雅集，並將之戲稱為「春遊社」。伯駒先生動議「春遊社」成員應將自己所知道的有關金石、書畫、考證、詞章、掌故、軼聞、風俗、遊覽每週書寫一紙，集聚到一定數量後即刻印成冊。後來又擴大到長春以外的文友，如北京的紅學家周汝昌先生、天津的詞家張牧石先生等近四十人參與。1963 年春，張伯駒先生將第一冊油印刻成，書名《春遊瑣談》亦為伯駒先生親題。是書直行手刻油印，線裝。文革期間「春遊社」被定性為特務組織，《春遊瑣談》被定性為一株學術毒草。直到 1984 年 7 月，河南中州古籍出版社才首次將《春遊瑣談》公開刊行，伯駒先生已往生兩年矣。

# 怎麼認識于毅夫的

　　過去不認識于毅夫①，也不知道此人。六二年省政協擴大會議，我列席，有一天開會是于毅夫主持，我才知道于毅夫是省委書記②，負責統戰的。這一天會有黨內人與黨外人交朋友的說法，我發言贊成，黨內人與黨外人交朋友可以沒有隔膜，黨外人有話可以說，黨內人可以多了解情況。我發言後，于毅夫曾說話，意思是黨內搞文化的與黨外搞文化的交朋友，黨內搞企業的與黨外搞工商業的交朋友，可以說得來。散會後，已將到十二點鐘，于毅夫向我招呼、握手，問我住哪裏，我說住藝專南湖宿舍。他說：我送你回去。就同坐一車去宿舍，因為初見只談寒暄話，問我東北氣候冷，在此是否習慣。等到南湖宿舍，于毅夫同到我〔屋〕裏，我借住一間屋、兩張床、一張桌子、兩把椅子，我愛人潘素還在屋內，于毅夫沒有坐下，問：這裏住方便不方便。

　　我說：很方便，樓下就是廚房，飯食都很好。

　　于毅夫說：你們該吃飯了，開會再見。

　　以後開會沒見到于毅夫出席，就見此一面。

## 註 釋

① 于毅夫（1903－1982），黑龍江肇東人，原名成澤。1927 年畢業於
   燕京大學。1936 年入黨，抗戰勝利後，歷任中共中央華中局調查研
   究室主任、嫩江省政府主席。建國後任黑龍江省政府主席，中共中央
   統戰部副部長、吉林省委書記處書記、省政協副主席、全國政協常委
   等。本段文字資料參見李盛平主編：《中國近現代人名大辭典》，頁 9。

② 實任職為「吉林省委書記處書記」。

# 〔散記〕

到文史所看我，看鍾泰

談朱熹學説

打詩條

烏蘇里吃飯

想要仇遠自書詩卷 <sup>①</sup>

與于省吾換畫

買董其昌青綠山水軸

説不與阮〔鴻儀〕<sup>②</sup> 單來往

元旦：

六人畫展（部分美術會）、文藝界會（大樓會）、省政協

會

東北文史所、去鏡月潭

任副館長

去黨校

去太廟

去京劇院

退葉卷

董其昌畫

宋版書

何澄畫③

仇遠畫

董（其昌）青綠畫（六四）

學術年會④

輯安⑤ 羅（繼祖）⑥ 沒談過，（宋人雅集）

董其昌畫

六四：

董青綠〔董其昌青綠山水，編者注〕

單〔單慶麟⑦，編者注〕拿徐渭說宋都去過

宋賢圖裱畫

## 註　釋

① 仇遠（1247－1326），字仁近，一字仁父，錢塘人。元代文學家、書法家。元大德年間（1297－1307）五十八歲時任溧陽儒學教授，不久罷歸，悠遊而終。張伯駒先生舊藏「仇遠自書詩卷」：紙本，高九寸，長六尺四寸，行書字大如指，書七律詩十首。此卷書法是宮廷舊藏，經溥儀流失於長春偽皇宮，後由伯駒先生收藏，六十年代捐贈予吉林省博物館。本段文字資料參見張伯駒：《煙雲過眼》，頁 54－55。

② 阮鴻儀（1907－1996），字威伯。江蘇淮安人，著名學者，科學家。科研之餘，喜書法，好鑒藏。1949 年後曾任教於山東大學、青島大學。後調入中國科學院長春應用化學研究所工作，1966 年調任北京。阮鴻儀先生藏有元代趙孟頫的《種松書篰卷》、《宋元明名人詩箋冊》、

明代孫隆《花鳥草蟲圖卷》等珍貴書畫，後均歸吉林省博物館收藏。

③ 何澄，金末元初畫家，生卒年不詳。金哀宗時官至太中大夫、秘書少監，元代武宗至大初晉升為中奉大夫，授昭文館大學士，領圖畫總管，年九十三尚健在。工畫人物故事，亦擅山水。曾畫《陶母剪髮圖》，頗有影響。此處何澄畫當指《歸去來辭圖》卷，紙本水墨，高一尺二寸，長二丈四尺。款在卷末「太中大夫何秘監筆」。圖後有翰林學士張仲壽所書《歸去來辭並敍》全文，款落：「至大二年己酉（1309）夏疇齋書。」卷後拖尾有姚燧、趙孟頫、鄧文原、虞集、柯久思、劉必大、揭傒斯、高士奇等諸人題跋，從題跋中知此卷為何澄九十歲高齡時所畫真跡，為海內孤本，原為宋振庭所藏，後讓於吉林省博物館。本段文字資料參考張伯駒：《煙雲過眼》，頁 51-52。

④ 即吉林省博物館第一屆學術年會，這是在張伯駒先生的主導下吉林省博物館召開的第一屆年會，召開時間為 1963 年 2 月 15 日到 19 日。本段文字據編者所藏張伯駒先生舊存「吉林省博物館第一屆學術年會」計劃書。

⑤ 即今吉林省集安市。1902 年立縣，1965 年改輯安縣為集安縣。八十年代撤縣立市。

⑥ 羅繼祖（1913-2002），浙江上虞人。金石甲骨大家羅振玉之孫，幼承家教，浸淫古今。好書法，宗法唐宋。精通《遼史》。1946 年任旅順市教育局科員。1949 年任瀋陽博物館研究員，1955 年到東北人民大學（今吉林大學）歷史系任教。羅繼祖為九三學社社員，曾為長春市政協委員。文革前曾校點《宋史》。著有：《願學齋叢刊》、《永豐鄉人行年錄》、《甘孺史考》、《蜉寄留痕》、《魯詩堂談往錄》、《墨庸小記》、《羅繼祖絕妙小品文》、《鯁庵讀史編》、《林下放言集》、《三助堂序跋》、《後書鈔閣讀書記》、《兩啟軒韻語》等。

⑦ 單慶麟，字致任，男，遼寧人，9．18 事變後作為東北大學流亡到關內的大學生，曾到四川廣元任教於劍閣師範學校（現該校改為四川省劍州中學），曾經做教務主任，1945 年後返回北京，五十年代初來吉林大學歷史系任教。

# 第一次〔回北京購畫〕

　　六一年十一月底，王承禮叫我約鄭國去北京收購書畫，經費三萬元，要在十二月內用完，否則款即須上交，因為館內時人畫過多，注重在收購古代書畫，寶古齋①古代書畫精品不售給外地博物館，即須向私人收藏者收購，以款多，時間短，所收未能全是精品，以後陸續收購，除在寶古齋外，多半是私人收藏者。收藏價格：

　　一、很貴。

　　二、本位〔主義〕。

　　三、無關工農兵亦無關本省歷史。

　　廟小神大，博物館要趕上津、廣。

　　我們的權利是誰給的？是工人階級給的，是貧下中農給的，是佔人口百分之九十以上的廣大勞動群眾給的。我們代表了兄弟階級，代表了人民群眾。打倒了人民的敵人，人民就擁護我們。共產黨基本的一條：就是直接依靠廣大革命群眾。

**註 釋**

① 寶古齋是位於北京東琉璃廠的一家書畫古玩店，成立於民國三十四年，由北京通州人邱震生（1908－1989）集資創辦。1944 年開張營業。集資人包括張叔誠、楊緝成、王紹賢（鹽業銀行副理）、趙紫震、魏仲衡、陶北溟、黃叔偉、李青蘋、邱震生，集資偽聯合幣共 20 萬元，經理人邱震生。主要經營中國歷代書畫及刺繡。

# 在收購文物工作上的罪行

一、浪費國家資財。六一年十一月底，王承禮命我同鄭國去北京收購書畫，款項三萬元，要在十二月內將款用完，否則即須上交，因館內時人畫過多，注重收購古代文物書畫，寶古齋的書畫佳品又不售予外地博物館，即須向私人收藏者收購，因款多，時間短，所收未能全是精品，且出價亦較寶古齋為高，按理款在年終未經用完即應上交，為免上交款項，對收購文物不事精選，甚為非是，以後陸續收購，除寶古齋外多半是向私人收購，例如買周懷民[①]的石濤墨竹，價三千，周懷民原買價為八百元，又所買徐邦達[②]元人萱蝶圖[③]乃係偽品。這樣工作不惟浪費國家資財，而且為資產階級收藏者造了機會。

二、本位主義。廣州、天津、遼寧瀋陽故宮博物館爭到北京收購書畫，更加以鄧拓之流搶收壟斷。據寶古齋說：五八年後書畫價格逐步高漲，以書畫藏量品格來論，故宮博物院第一，上海博物館第二，遼寧博物館第三，南京博物館第四，其次為天津、廣州、瀋陽故宮博物館。在書畫收藏方面，想超過天津、廣州博物館，我任副館長，于省吾恭維我說：廟小神大。宋振庭對我說：要把元四家買齊。王承禮希

望能買到一卷唐畫。但都不易收到。在書畫收藏方面，我想超過天津、廣州博物館。例如，戴晉《松岩垂釣圖》④、張見陽《棟亭夜話圖》⑤，都是故宮博物院想要的，被我收購歸省館，又《群玉堂法帖》⑥ 以五千元買到，雖是孤本，但在省館不成系，故宮博物院、上海博物館藏碑帖為多，應歸彼處為宜，屬於歷史及藝術性的書畫，應當集中。在保管方面、系統方面、備戰方面均為有益的，我這樣做法是從個人主義出發，成了本位主義、分教主義。

三、我的收購工作不惟與工農兵服務無關，與本省歷史也無關，完全走上了「叛徒、工賊、內奸」劉少奇⑦ 的封建階級的黑線。

我過去讀《人民日報》，批判多中心論，和上海《工人日報》馬蜂窩就是要捅的社〔論〕，思想認為有派性的群眾就是多中心論者，就是老大難。自來到學習班後，認識到我這種思想是很錯的，有少數群眾受了敵人蒙蔽，覺醒後會反戈一擊，我這種思想把敵人與群眾沒有劃清，存在着這種思想，會受「叛徒、工賊、內奸」劉少奇的群眾落後論的毒害。毛主席教導我們應當相信群眾，我們應當相信黨，這是兩條根本的原理，如果懷疑這兩條原理，那就什麼事也做不成。

最新指示：共產黨基本的一條就是直接依靠革命群眾。毛主席對群眾是如何重視，我必須嚴格的批判我過去的錯誤思想，堅決的相信「革命」群眾、相信黨。

革命群眾與解放軍和工人階級是一體，學習毛澤東思

想，執行毛主席政策的應等同相看。

六二年我在黨校講中國書法史二小時，自有毛筆開始至甲骨、鐘鼎、篆隸行草、真楷，歷代沿革變化及書家代表人物。

又在吉林大學講詞學四小時，每天二小時，每日晚講二時，講兩次，所講詞學源流、音律選調體裁及唐五代、南北宋、清詞家代表作等。

按每一小時四元致酬，由校長劉某在其家設宴致酬，陪者有于省吾。

## 註 釋

① 周懷民（1906－1996），江蘇無錫人。幼喜書畫，遍臨諸家，終有所成。應徐悲鴻之聘，曾在北平藝術專科學校執教。因善畫太湖蘆塘，被人們譽為「周蘆塘」。晚年多畫葡萄，人又稱「周葡萄」。有《周懷民畫輯》、《周懷民藏畫集》等著作出版。

② 徐邦達（1911—2012），字孚尹，晚年號蠖叟。浙江海寧人，生於上海。家富收藏，十四歲即從蘇州老畫師李醉石學習繪畫，從趙叔孺學習古書畫鑒定知識。後又拜海上繪畫大家、鑒賞家吳湖帆先生為師。1950年，經國家文物局鄭振鐸局長推薦，從上海調至北京，在文物局文物處工作。1953年又轉至故宮博物院從事古代書畫鑒定研究工作。生前為故宮博物院研究員、國家文物鑒定委員會常務委員、杭州西泠印社顧問、九三學社社員。著有《古書畫鑒定概況》、《古書畫偽訛考辨》、《古書畫過眼要錄》、《歷代書畫家傳記考辨》、《中國繪畫史圖錄》、《古書畫偽訛考辨續編》等。本段文字資料主要參見陳炳華主

編：《中國古今書畫名人大辭典》，天津：天津古籍出版社，1998，頁392。

③ 據吉林省博物館館員鄭國在〈元人萱蝶二圖真偽辨〉一文中介紹，這幅畫是「1962年前後吉林省博物館在北京的某位收藏家處購進一件元人《萱蝶圖》軸。後經張珩、謝稚柳、劉九庵、張伯駒等人鑒定，他們一致認為該作品為『舊假』，並肯定它既不是郭天錫（1227−1302）（元著名書畫家，編者注）所畫，也不是出於元人手筆。」參見鄭國：〈元人萱蝶二圖真偽辨〉，《黑龍江文物叢刊》，哈爾濱：黑龍江省文物出版編輯室，1983年第2期，頁101。

關於張伯駒先生所收藏的兩件至為重要的山水畫隋展子虔《遊春圖》和北宋趙佶的《雪江歸棹圖》，徐邦達均鑒定為偽作，啟功先生在晚年曾寫有「官本遊春傳有序，御題歸棹鑒非訛」的詩句，充分肯定這兩件作品流傳有序、真實可靠。參見2008年內部印、張恩嶺主編的《張伯駒先生追思集》「《項城文史資料》總第十三集」之啟功先生題詩。

在章詒和所著《往事並不如煙》一書的〈君子之交〉一文中，有一段章伯鈞和張伯駒的對話，從中可以體味張伯駒和徐邦達二人之間的關係：「父親曾問：『你認為徐邦達的鑒定水平如何？』張伯駒搖着頭，說『不行。』」參見章詒和：《往事並不如煙》，北京：人民文學出版社，2004，頁115−116。

④ 戴晉，明崇禎（1628−1644）時人，生卒年不詳。字康侯，號松庵，居浙江嘉興牆頭村。幼孤，慕陸羽為人，終身不娶。因得窺天籟閣所藏名跡，遂工畫。本段文字資料參見俞劍華編：《中國美術家人名辭典》，頁1451。

⑤ 張純修，字子敏，號見陽，一號敬齋，河北豐潤人，清漢正白旗籍。曾官廬州知府。善畫山水，又工書法，並善刻印。家藏豐厚，所以得臨摹諸家，能達到形神逼肖的地步。康熙三十四年（1695年）秋，廬江郡守張見陽造訪時任江寧織造的曹寅，曹寅又邀江寧知府施世綸共話於棟亭。張純修即興成《棟亭夜話圖》，畫為紙本墨筆，繪棟樹叢竹、房舍文石、夜月蒼涼、庭院岑寂，屋內置燭台，三人共話。卷頭題：「棟亭夜話，見陽」，卷後有「子安」、「杏花書屋」、「見陽無聲

詩」、「見陽書畫」四個印章。此圖原為葉恭綽舊藏，後歸藏張伯駒，六十年代，張伯駒將此圖讓予吉林省博物館。本段文字資料參見張伯駒：《煙雲過眼》，頁 63－64。

⑥ 即吉林省博物館現藏孤本宋拓《群玉堂蘇帖》冊。該冊為南宋匯刻叢帖《群玉堂帖》，是宋拓殘本，原名《閱古堂帖》。南宋奸相韓侂胄（1152－1207）以家藏墨蹟，令其門客向水編次摹勒上石。向氏精於鑒賞，擅長刻帖，故摹刻甚為精善。開禧三年（1207）韓氏被誅，帖石沒入內府。嘉定元年（1208－1224）間改為今名。據宋《中興館閣儲藏書目》、《石刻鋪敘》等書記載，全帖共十卷，首卷全刊南渡以後帝后御書，二卷則晉隋名賢帖，三則唐名賢帖，四則懷素千文，五宋名人十七人數，六蘇東坡書，暨九卷悉本朝名賢帖，七黃山谷書，八米芾書，九李後主、石曼卿、薛道祖等四十人書，十為蔡襄、石曼卿帖。共一百四十段。此帖自南宋傳此十段目錄，拓本並無全部流傳，現存殘本亦很少見。《群玉堂貼》第六卷全為蘇東坡書，又係流傳孤本，故稱《群玉堂蘇貼》。本段文字資料參考周倜編：《中國歷代書法鑒賞大辭典》，北京：北京燕山出版社，1990，頁 1162。

⑦ 全會（八屆十二中全會）在當時黨中央的領導工作和黨內生活處於極不正常的狀況之下，批准了《關於叛徒、內奸、工賊劉少奇的審查報告》，並通過決議，宣佈「把劉少奇永遠開除出黨，撤銷其黨內外的一切職務，並繼續清算劉少奇及其同夥叛黨叛國的罪行」。劉少奇本人早在 1966 年冬即被隔離和批鬥。在整個隔離、批鬥過程中，被完全剝奪了申辯的權利。這就造成了全國最大的冤案。

在 1978 年 12 月中共十一屆三中全會解決了歷史上遺留的一批重大問題和一些重要領導人的功過是非問題以後，中央在 1979 年 2 月決定對劉少奇一案進行複查。針對八屆十二中全會提出的劉少奇的各項「罪狀」，中央紀律檢查委員會經過近　年的周密調查研究，反覆核對材料，向中央作出了詳盡確切的審查報告。中央政治局一致同意這個審查報告，據此作出了關於為劉少奇平反的決議（草案）。中共十一屆五中全會經過嚴肅認真的討論，於 1980 年 2 月 29 日一致通過了《關於為劉少奇同志平反的決議》。《決議》指出：「原審查報告給劉少奇同志強加的『叛徒、內奸、工賊』三大罪狀，以及其他各種罪名，完全

是林彪、江青、康生、陳伯達一夥的蓄意陷害。八屆十二中全會據此作出『把劉少奇永遠開除出黨，撤銷其黨內外的一切職務』的決議是錯誤的。」「劉少奇同志是偉大的馬克思主義者，是為共產主義奮鬥終生的無產階級革命家。幾十年來，他作為黨和國家卓越的主要領導人之一，對我黨的建設，對我國民主革命、社會主義革命與社會主義建設，都有不可磨滅的功績。他對黨和人民的事業是忠誠的。他把畢生精力貢獻給了我國的無產階級革命和建設的事業。」「過去對於劉少奇同志的污蔑、誣陷、偽造的材料以及一切不實之詞都應完全推倒。」

# 武占麟給我的反面教育

自《紅旗》雜誌編者按及關於知識份子再教育問題和《解放日報》社論一再提出要給出路，不給出路的政策不是無產階級政策，對於極少數民憤極大需要打倒的所謂頑固不化的走資派和資產階級技術權威，在充分批判之後也要給出路，這對犯嚴重錯誤和罪行的人有多們〔應為「麼」，編者注〕感動。

專政組學習班[1] 學習改造是給這些人們的機會，使對抗性矛盾轉化為非對抗性矛盾，是給這些人的出路，能不感激涕零？老老實實接受學習改造，交代自己罪行，趕快回到毛主席路線上來，如果有逃跑或自殺的想法，那是不齒於人類的。（天氣已到）我原來的想法這些人絕不會有這樣的事情，天氣已到冬天，專政組值班人員，坐夜受冷，豈不白白的辛苦。竟然有出人意料之事，武占麟竟然逃跑，又因未能接見家屬與值班人員吵架，要向大隊講理也是武占麟的事，這是從武占麟反動階級本質出發的，武占麟給我的教育說明：我麻痹大意，對階級鬥爭學習的不夠，毛主席教導千萬不要忘了階級鬥爭。

「叛徒、工賊、內奸」劉少奇則與毛主席對抗，有階級

鬥爭熄滅論，這兩條路線必須認清，毛主〔席〕的教導必須天天學、時時學。「叛徒、工賊、內奸」劉少奇的黑論必須天天批、時時批，對自己的改造就是向自己的階級鬥爭。

## 註　釋

① 所謂「專政組學習班」，在文革期間美其名曰就是群眾組織為區別於群眾揭批大會而搞的另一種思想幫扶形式，後來適用各種不同的對象。參加學習班被幫扶的成員，首先要明確是人民內部矛盾，學習班一般都採取先學習馬列著作、毛著和中央文件的辦法，根據文件提出的問題，聯繫實際，進行比較對照，開展「談心式對話」。其實這就是變相限制人身自由的「牛棚」。

# 十二次全會公告學習①

1、全面總結文化大革命取得決定性勝利。

2、主要是無產階級爭奪政權、馬列主義與修正主義爭奪政權的勝利。

3、鞏固文化大革命勝利的一切部署的落實。

4、予美帝蘇修以致命的打擊，是劉〔指劉少奇，編者注〕的後台。

5、關係進入世界革命。

6、過去對文化大革命認識不夠，要與公告對照。

7、上層建築專政。

## 註 釋

① 即中國共產黨第八屆中央委員會第十二次全體會議（擴大），簡稱中共八屆十二中全會（擴大）。全會於 1968 年 10 月 13 日至 31 日在北京召開。毛澤東主持會議並講了話。會議批准江青、康生、謝富治等人用偽證寫成的《關於叛徒、內奸、工賊劉少奇罪行的審查報告》，決定把劉少奇永遠開除出黨，撤銷其黨內外的一切職務。全會認為，在八屆十一中全會上，毛主席發表了《炮打司令部》這個偉大的革命文獻，為這一場無產階級文化大革命指出了勝利的航向。全會還認為，在八屆十一中全會上，毛主席親自主持制定的《關於無產階級文化大革命的決定》，以及十一中全會的公報，都是正確的。「會議是在許多中央委員被剝奪了出席會議的權利，一些出席會議的中央委員繼續遭受誣陷性批判的極不正常的情況下進行的。」

# 市圖書館曾由解放軍、工人談話

你們是革命對象也是革命動力

過去對文化大革命錯誤認識。

1、「叛徒」劉少奇派工作組認為是把運動納入正軌。

2、認為是黨內分裂。

3、認為是白區紅區問題。

4、沒有看到「叛徒」劉少奇是裏通外國，後台是美帝
　　蘇修國民黨。

5、工人領導上層建築，沒有想到。

　　今天上午規定討論全會公報，我作幾項提綱討論時，張組長說暴露活思想，事先沒有予〔預〕備，但是說活思想與公報分不開的，主要的學習公報結合活思想，我來了兩個月，現在最要緊是相信毛主席領導的黨的政策，相信解放軍工人宣傳隊和革命群眾執行黨的政策，是立場問題，是思〔想〕改造的重要問題，有活思想儘管說出來，要實事求是的就要實事求是，例如黃堃<sup>①</sup> —— 向解放軍和工人宣傳隊彙報情況不算右傾翻案，這是相〔向〕宣傳隊不能隱忍不說而欺騙群眾欺騙黨，上午我還沒有說我們單位解放三位同志對

我的思想有無波動。

一、坦白交代是一個重方面

二、還有其他方面

　　1、地位不同

　　2、問題不同

　　線〔路〕　宋〔宋振庭〕批判，我執行宋〔振庭〕的一部分

　　所影響方面大，最後光明的絕對相〔信〕毛主席領導黨的政策，軍工宣執行的黨的政策。

## 註　釋

① 黃堃，生卒年不詳，朝鮮族，解放軍轉業幹部，文革前在吉林省博物館供職，後下放五七幹校。文革結束後吉林省博物館未同意接收回單位，他就被安排到梨樹縣文化館任館長。

# 〔自我坦白和剖析〕

九日星期六①，學習討論八屆〔擴大〕十二中全會公報，主要的學習討論公報要結合自己的活思想最要緊，公報總結文化大革命全面決定性勝利及鞏固文化大革命勝利。毛主席的一切指示、部署把「叛徒、內奸、工賊」劉少奇徹底垮台，國內外大好形勢擺在面前，最要緊是絕對相信毛主席領導的黨的政策，絕對相信以解放軍為後盾，以工人為領導的宣傳隊和革命群眾執行黨的政策，是立場問題，是改造的重要問題，有活思想儘管說出來，要實事求是的就要實事求是。例如黃堃說自己不以為是反革命份子，向毛主席請罪辭念到「我是反革命份子」這一句他都不念，這問題應當向宣傳隊彙報，不能隱忍不說，變成情緒。

我在革命群眾解放館內三位同志，我思想雖然沒有多大波動，但也有活思想，我認為坦白交代是一個重要方面，另外還有一方面：

1、地位不同。我過去為第一副館長，雖然不是黨內走資派，但也應當是當權派，我執行了部、局文藝黑線。宋振庭等在大批判，我也應當受到批判，豈能在現時解放我的職位。是宣傳部與統戰部背後有無「叛徒、內奸、工賊」代理

人的〔黑〕線，我知道是沒有，但要落實。

2、問題不同。我執行了原部局文藝黑線，影響方面大，罪行大，以上與李運及兩個工友有所不同，但前途光明的。絕對相信毛主席領導的黨的政策及解放軍為後盾、工人為領導和革命群眾執行黨的政策，在前面拉，我必須往前面走，等待熬日子是絕對不行的。

六三年在省政校學習一個月後，政校在省政協組織晚會，演唱京劇，這一無師人教授，吳伯咸演《捉放曹》，梁小鶯演《玉堂春》，我演《打漁殺家》，第二個月政校又在省政協組織一次晚會，由吉劇團演《燕青賣線》，金風演評劇《杜十娘》，不久京劇就進行改革，沒有再組織演舊劇。這兩次晚會都是教務處長宋□□組織，我演京劇犯了錯，教務處長宋□□也犯錯誤，現在交代並予以檢舉。


2、六一年十一月，我同博物館黨支書記副館長王承禮去瀋陽參觀遼寧省博物館古代法書展覽，回長春後商量也模仿舉辦古代書法〔展〕，於六二年春展出。[②]〔內〕容自毛筆開始至甲骨、鐘鼎、漢隸及歷代真草行楷，包括真跡、複製品、影音圖片等，還由王承禮派人到遼寧省借來宋代法書四件，這一書法展覽斷代至清代末為止，每一時代的書法沿革變化及書品、書家、小傳均附說明，按這一展覽不應當斷代至清末為止，毛主席是當代書法家，應當把毛主席的書法展出，並應將簡化漢字展出圖表，說明在實用上中國書法的發展。我考慮到這一點，王承禮也沒有指示，遂使這次書法展

覽完全為封建主義作了宣相〔傳〕，違反毛主席為工農兵服務的原則，我與王承禮共同犯了嚴重錯誤。

3、六二年夏，王承禮到集安縣挖掘高句麗古墓③，臨摹墓中壁畫，派李遠□陪我去集安參觀，我去了四天回長春。文化部、文物局副處長張〔珩，編者注〕④ 及上海博物館研究（員）謝稚柳⑤ 來長春審查古代書畫，由我陪同審查，王承禮約請張珩、謝稚柳去集安參觀古墓，仍由我陪同前去集安參觀二日，王承禮並通知集安縣長接送。日本關於高句麗壁畫有出版的通講，王承禮亦能得到文化部支持，挖掘高句麗古墓有新的發現，也出版如日本通講一書，較日本通講還豐富，我亦贊同則與西北敦煌石室媲美。吉林省博物館即聲價十倍，而個人聲譽亦隨之而提高，但不能挖掘高句麗古墓的原因有二：1、與朝鮮國際的關係；2、挖掘後，外面空氣進入墓內，即發生潮濕，無保護方法，壁畫就要損壞。

後文化部規定，不能挖掘，如挖掘應由文化部主辦，因停止〔挖〕掘，對此一事王承禮與我同犯了本位主義嚴重錯誤。

4、六三年春，王承禮舉辦學術年會，應邀來參加的有吉大、師大教授、講師，歷史研究所教授、講師及黑龍江博物館、吉林市博物館、集安縣博物館代表等，還有文化部兩位幹部。內容本省歷史和藝術方面的文章，還有《春遊瑣談》第一集都刊印出來，分組討〔論〕並展出高句麗臨摹的壁畫，由王承禮致開幕詞，王承禮這時在黨校學習，每日的會由我主持，閉幕時由我致閉幕詞，王承禮回來作總結，這一

次學術年會關於歷史藝術方面都是封建主義的學術，意義也是與挖掘高句麗古墓相連接的。

1、六一年十一月底王承禮命我同鄭國去北京收購書畫（這時我在館雖已工作，名義尚未定），款項為三萬元，要在十二月一個月內用完，否則款項即須上交。因為館內時人畫過多，注意收購古代書畫。寶古齋（北京國營文物商店，專事書畫）古代書畫精品不售給外地博物館，即須向私人收藏者收購。

因為款多時間短，所收未能全是精品，我在北京曾接王承禮來信說：出價比市價稍高可以。我所收購的書畫要比寶古齋的價格高出二成，同時王承禮還派方啟東⑥去上海收購書畫，款項為一萬元，在上海只能在文物商店收購，為上海博物館所不要的次品，為偽跡，按理款在年終未經用完，如無應收的較有歷史或藝術價值的文物，款即應上交。為避免上交款項，收購文物不事精選，就是浪費國家資財，我在收購古代書畫工作上已作了檢討，交代王承禮也犯了浪費國家資財和本位主義的嚴重錯誤。⑦

本單位進入了鬥批改，毛主席教導：「破中有立，破即是立。」鬥批是破，改即是立，不能分割開的，犯嚴重錯誤和罪行的，不能說鬥批與我有關，改就與我無關，尤其是犯重錯誤和罪行的人，改是他的對，而更應當知道為關心文化大革命應當加以思考有所貢獻，以備本單位三□。

## 註　釋

① 指 1968 年 11 月 9 日。

② 即「歷代書法墨蹟」展。

③ 高句麗墓葬群主要包括了幾組墓和一些獨立的墓，距今已有二千多年
歷史，主要分佈在吉林集安。高句麗王陵及貴族墓葬主要包括五女山
城、國內城、丸都山城、十二座王陵、二十六座貴族墓葬、好太王碑
和將軍墳一號陪塚。歷史上存在了 705 年的我國高句麗少數民族在
這裏留下了大量的歷史遺跡。句麗王城外現存近七千座高句麗時代墓
葬，堪稱東北亞地區古墓群之冠，古墓壁畫中發現的八卦圖最近被確
認為中國最早的八卦圖實圖。古墓群中以將軍墳、太王陵為代表的
十四座大型高句麗王陵及大量的王室貴族壁畫墓，從不同側面反映了
高句麗的歷史發展進程，也是高句麗留給人類的彌足珍貴的文化和藝
術瑰寶。

④ 張珩（1915－1963），現當代古書畫鑒定的奠基人。字蔥玉，又字希
逸，上海市人。其祖父張均衡、伯父張乃熊，均為著名藏書家。張珩
幼習書畫，少年成名，1934 年，年僅二十一歲的張珩就被聘為故宮博
物院鑒定委員。1950 年，調任北京文化部文物局文物處副處長一職並
兼文物出版社副總編輯。有著作《韞輝齋藏唐宋以來名畫集》、《怎樣
鑒定書畫》、《木雁齋書畫鑒賞筆記》行世。本段文字資料參見鄭重：
《中國文博名家畫傳：張珩》，北京：文物出版社，2011，頁 266－
268。

⑤ 謝稚柳（1910－1997），原名稚，字稚柳，晚號壯暮翁。江蘇常州
人，是當代著名的古書畫鑒定家和書畫大家。與張珩齊名，世有「北
張南謝」之説。曾任國家文物局全國古代書畫鑒定小組組長，國家文
物鑒定委員會委員等。著有《敦煌石室記》、《敦煌藝術敍錄》、《水墨
畫》等書。本段文字資料參見鄭重：《中國文博名家畫傳：謝稚柳》，
北京：文物出版社，2011，頁 190－194。

⑥ 方啟東，生卒年不詳，畢業於西北大學歷史系考古專業，十七歲就成

為西北大學最年輕的右派。後調任吉林省博物館，是研究高句麗專家，平反改正後，任考古研究所所長。曾任吉林省博物館研究員，吉林考古學會理事長。寫有〈千秋墓、將軍墳墓主人推定〉等論文。

⑦ 據編者所藏 1961 年張伯駒、鄭國一同進京所收購古書畫、文物清單明細如下：

1、順治達摩卷軸 1 件
2、周之冕梅花卷 1 件
3、果親王金字軸 1 件
共計三件
價 1300.00 元

毛奇齡行書軸 1 件
八大山人梅鵲圖軸 1 件
張詩齡字對 2 件
錢南園字對 2 件
共計陸件
價 814 元

明陳洪綬人物軸 1 件
嚴繩蓀西園雅集軸 1 件
方士庶山水軸 1 件
沈銓鶴鹿軸 1 件
畫軸 4 件
董其昌山水扇面 1 件
付雯指畫山水扇面 1 件
塞翁山水扇面 1 件
米漢雯山水扇面 1 件
胡靖蘆葦扇面 1 件
雪山山水扇面 1 件
震翱遊騎扇面 1 件

鄒近魯山水扇1件
施餘澤山水扇面1件
趙嗣美山水扇面1件
王嘉山水扇面1件
沈廷弼山水扇面1件
褚篆山水扇面1件
袁瑛山水扇面1件
張照梅花扇面1件
昌緒桂花扇面1件
顧西梅山水人物扇面1件
袁沛山水扇面1件
捻祖指畫山水扇面1件
秦儀山水扇面1件
張敔指畫牛歸扇面1件
瑤華道人山水扇面1件
朱鶴年山水扇面1件
宋張葆淳鸚鵡扇面1件
李梅生松陰煮茶扇面1件
朱英白描仕女扇面1件
鐵舟瀨園林秋興扇面1件
扇面共計二十七個
　　　　畫軸四件，扇面二十七件
　　　　共計款 3500.00

宋人字卷1件
文徵明竹子軸1件
陳眉公梅花卷1件
　　　　　　　共三件
　　　　計價 2000.00 元　　　　　　　

宋元佛像1軸
范榕詩卷1件

董其昌畫冊 1 本
方竹樓竹蘭冊 1 本
德林畫冊 1 本
董字冊 1 本
余省花鳥軸 1 件
明人山水（鏡心）1 張
李文田信箚冊 1 本
共計九件
價記 1050.00 元

宋葆淳山水軸 1 件
王雲貓蝶圖軸 1 件
墨軒山水卷 1 件
賈全畫漁隱圖小卷 1 件
方琮畫秋山圖小卷 1 件
方琮畫雲壑丹台圖小卷 1 件
董誥臨宋尺牘小卷 1 件
梁國治臨晉祠銘小卷 1 件
董誥畫花卉小冊 1 件
袁瑛畫山水小冊 1 件
董誥畫舍暉協序小冊 1 件
戴衢亨山水小景冊 1 件
劉權之畫花卉冊 1 件
弘旿畫山水冊 1 件
胡桂畫山水冊 1 件
劉墉臨帖冊 1 件
共計 16 件（軸 2、小卷 5、大卷 1、冊 8 件）
計價 700.00 元整

蕭愻山水軸
姚華菊花軸　共計兩件
邊魯花鳥冊 1 本（可給吉林藝專）

黃小松梅花冊 1 本
查士標字冊 1 本
姚鼎字軸 1 件
惲南田竹梅 1 軸
吳寬字橫 1 卷
吳振武畫冊 1 本
許友字冊 1 本
查昇字冊 1 本

共計九件
價計 1010.00 元


明成化御筆軸 1 件
文徵明手卷 1 件
明人書箚 1 冊
清人書箚 1 冊
李復堂花卉軸 1 件
程邃山水軸 1 件
高南阜畫像軸 1 件

共計 7 件
價 830.00 元


杭世駿山水冊 1 本（畫 12 開，字 1 開）
趙文敏參同契 1 冊
鄭板橋蘭花冊 1 本（12 開）
周荃山水冊 1 本（9 開）
李兼士字軸 1 件
宋犖拜石圖軸 1 件
潘連巢畫、王文治題軸 1 件
李珩「蠻潘使槎圖」卷 1 件

共計 8 件
價 4000.00 元

張道渥字扇面 1 件
姜宸英字扇面 1 件
嚴繩蓀字扇面 1 件
沈　謙字扇面 1 件
盧見增字扇面 1 件
何　焯字扇面 1 件
鄂　弼字扇面 1 件
姚　鼐字扇面 1 件
汪士鋐字扇面 1 件
徐　松字扇面 1 件
查士標行書面 1 件
沈德潛行楷面 1 件

共 12 件
計價 195.00 元

錢谷山水軸 1 件
奚鐵生山水軸 1 件
張雪鴻墨筆牡丹軸 1 件

共計 3 件
價 900.00 元

清香直節墨 1 盒（1 塊）
程公瑜墨 1 盒（2 塊）
萬年青墨 1 盒（2 塊）
明葉靖公墨 1 盒（1 塊）
竹薌制墨 1 盒（2 塊）
御詠牡丹墨 1 袋（1 塊）
歸昌葉瑞墨 1 袋（1 塊）
舊墨 1 盒（3 塊）
程公瑜墨 1 盒（1 塊）
蔣性父待御墨 1 塊
天文地質墨 1 塊

乾隆貢牋 1 張
舊宣紙 2 張
宋拓化度寺碑帖 1 件
藏經紙 2 張
宋紙 2 張
乾隆描金牋 1 張
　　　　　共計 805.00 元


王鑑山水軸 1 件
董其昌、陳繼儒等 5 人字卷 1 件
奚鐵生像軸 1 件
倪元潞行書扇面 1 個
魏大中楷書扇面 1 個
高攀龍楷書扇面 1 個
冒巢民楷書扇面 2 個
董小宛楷書扇面 1 個
侯峒曾行書扇面 1 個
王寵楷書扇面 1 個
　　　　　　共計 11 件
　　　　　　價 1250 元


元人山水樓閣軸 1 件　3000 元
明 陳洪綬佛像一件　900 元
宋蘭山瑞蘭圖卷 1 件
董邦達山水軸 1 件
　　　　　計兩件　320 元


明　陸治山水扇 1 把
明　董其昌山水成扇 1 把
清　王鑑山水成扇 1 把
清　王原祁山水成扇 1 把
王子元玉蘭成扇 1 把

清　王樹畦山水成扇 1 把
伊念曾山水成扇 1 把
汪洛年山水成扇 1 把
吳大澂山水成扇 1 把
張映樞金書成扇 1 把
秦炳文山水成扇 1 把
殷樹柏石梅桂花成扇 1 把
吳大澂山水成扇 1 把
光緒靈芝蘭花成扇 1 把
　　　　成扇共計 14 把
　　　　　計 2500 元整
　　　　　　￥2500.00

共計花費：25189 元（前文所提購周懷民所藏石濤墨竹 800 元，徐邦
達藏元人萱蝶圖【價不詳】，不知是否也在此次購畫的名單中。）

# 〔散記〕

1、考古隊

2、一級品文物

3、展覽什麼內容

4、解説員問題

今後革委會採□和革命群眾討論

一、省博保管部倉庫狹隘，設備簡陋，關於有歷史及藝術性的國家文物（除與本省古代歷史和革命歷史有關的文物外）一級品，為系統方面、保管方面，尤其是備戰，是否應集中於中央保管或託管。

二、考古隊是隸屬於博物館還是隸屬於省文物保管委員會，以後如何工作。

三、展覽方面，以後應展覽與工農兵相結合的成績，如上海機械學院工人學生在機床廠設計創造的具有國際水平大型平面磨床及液壓操縱箱，二十萬倍電子顯微鏡的模型等，五七幹校的農產品，工人和貧下中農領導的學校和軍、工、宣在上層建築的成績等。

四、解説員皆青年女生，假定一年有三四次展覽作解説工作，則餘日都無所事，這樣是貽誤青年，解説員應當下放

工廠、農村鍛煉，展覽需要解說工作時，到工人和貧下中農所領導的中學組織學生作解說工作，展覽完畢仍回原學校。這樣解說工作與其實踐相結合，並節省國家經費。

# 學習《紅旗》雜誌編者按，
# 關於知識份子再教育問題社論 <sup>①</sup>

　　回顧省博物館確都是知識份子成堆的地方，可以統計一下大學畢業的幹部有多少人，過去我曾同于省吾說：王承禮的工作能力很好。于省吾說：你們館裏有一個師大圈子。是外間已有這樣空氣，過去兩條路線中走了業務第一、技術第一的路線，在現在鬥批改中成了重要問題，正需要工農兵予以再教育，我任第一副館長，以為人事皆由黨內負責，把我工作縮小到歷史藝術方面，更縮小到古代書畫方面，其他一切不聞不問，但是我可以提〔意〕見，我沒有提過意見，于省吾對我所說的話我也沒有說過，我這樣不負責任的態度，及與王承禮走了一個路線，犯了嚴重錯誤。現在檢討交代並再揭發王承禮。

　　本單位的鬥批改主要的在肅清「叛徒、內奸、工賊」劉少奇的反革命修正主義的路線流毒，落實毛主席的革命馬列主義的路線部署，才能領會毛主席認真搞好鬥批改的重大意義，鬥批改是兩條路線的鬥爭教導。

　　一定要結合到改，必須在思想上、政治上、理論上批深、批透。過去革命群眾對我的批判鬥爭，我只認為是個人問題，有時還鬧情緒，是極大的錯誤，現在的鬥批改是落實

文化大革命決定性全面勝利，批判不批判是革命不革命問題，受批判歡迎不歡迎也是革命不革命問題，現在認識了批判的越多、越深、越透越好。

發言時說：有些人的問題比我大，都解放了。過去有這些想法是不對的，現在認識黨的政策是十全兌現的，應當結合《安徽日報》社論學習。又說張伯駒說的是官樣文章，我說：我說的不是官樣文章，各人問題不同，感動是一樣，我不是特務，交代問題就要找我罪行的重心，我要結合兩條路線鬥爭。

## 註　釋

① 1968 年 9 月 5 日，全國開展對知識份子再教育運動。具體經過是：1968 年 9 月 5 日，《人民日報》先行刊登《紅旗》雜誌第三期發表的上海市的調查報告《從上海機械學院兩條路線鬥爭看理工科大學的教育革命》，並刊發了毛澤東為它寫的編者按：「這裏提出一個問題，就是對過去大量的高等及中等學校畢業早已從事工作及現在正從事工作的人們，要注意對他們進行再教育，使他們與工農結合起來。其中必有結合得好的並有所發明創造的，應予以報道，以資鼓勵，實在不行的，即所謂頑固不化的走資派及資產階級技術權威，民憤很大需要打倒的，只是極少數。就是對於這些人，也要給出路，不給出路的政策，不是無產階級的政策。上述各項政策，無論對於文科、理科新舊知識份子，都應是如此。」本段文字資料參見《人民日報》，1968 年 9 月 5 日，第 1－2 版。

9 月 12 日，《人民日報》、《紅旗》雜誌評論員的〈關於知識份子再教育問題〉，對毛澤東為《紅旗》雜誌寫的編者按作了闡明，指出中心問題是由工農兵給知識份子以再教育。本段文字資料參見《人民日報》，1968 年 9 月 12 日，第 1 版。

## 〔交代與詞友王鑄、張牧石等人的交往〕

〔以上似缺頁，編者注〕

我說：你可以抄給我，我也賀一首。

他說他抄了家。以後總沒有寄來。五七年春①，我作有看杏花詞，曾寫信給他說：星期日無事，可以到我家坐一坐。

王鑄約三個星期或一個月到我〔家〕一次，來時總是上午十一點，吃過午飯才走，我作的詞給他，並問他：和毛主席水調歌頭詞沒有寄。

他說：寄到博物館去了。

我說：沒有收到。

他又寫給我，我也和了一首。

我對他說：我的問題主要是《春遊瑣談》，並問他師大情形。

他說：書記□被鬥了，還有國文系搞舊文學的教授金□□夫婦自殺。

我又問他：博物館王承禮的愛人有無問題？

他說：他知道是化學系書記，也被鬥，現在搬家。

我又問他：有無問題？

他說：他是搞老一套的也被鬥，現在勞動燒鍋爐、撿煤等。

六六年春，我去天津為市政協寫鹽業銀行②，去天津見着張牧石③，我對〔他〕說：長春有一個能作詞的吉大圖書館王鑄，也是學吳夢窗④，（張牧石詞學吳夢窗詞）你的詞可以寄給他看。所以張牧〔石〕與王鑄通過信，七八月間，張牧石有詞寄給朱大炎⑤和我，朱大炎也學作詞，和張牧石的詞，朱大炎被鬥，我寫信給張牧石說：與朱大炎通信不便。

五七年〔應為一九六七年，編者注〕春，張牧石作詩鐘信寄給王鑄，半個月一次，約有三次，王鑄也作了一次詩鐘，後來張牧石信內說：常寄給王鑄信是否相宜。

我回信說：不相宜，也不常見面，有信寄給我愛人好了。

後張牧石即不再給寄王鑄，又我曾託王鑄寫給胡蘋秋⑥幾首詞，沒有回信。

五七〔一九六七〕年武鬥期間三個多月，王鑄一直沒到我家來，約十月間來一次，說武鬥期間不便〔出〕門，時有流彈危險，又說工大與師大隔牆，恐武鬥時出意外事情，我問他師大圖書館存書情形。他說書很多都不外借，他有《孽海花續編》，下次拿來。約十一月，王鑄來我家，帶來《孽海花續編》，我說：幾天就可以看完，如還有關於掌故的書，再帶來一本。

又談到師大情形，他說楊公驥⑦、孫曉野⑧都有問題，他已經照常上班。

春節來一次，帶來《孽海花索隱》及《老殘遊記三記》各一本，我交還他《孽海花續編》，以後就沒有來，這兩本書還在我那裏。

　　關於清秘史，揭發「叛徒、內奸、工賊」後，我曾同王鑄談，黨內最大走資派已經點名。文化大革命六八年五、六月或能完成。王鑄説：不知道能否成。

　　又我問他：上班還是學習，還是搞業務？

　　他説：檢查派性。

　　我説：你不參加武鬥，有什麼派性？

　　他説：人人都有派性，師大二總部造大掌權，他都聽造大的，這就是派性。

　　他説檢查派性忙的話還是十一月間，還是春節，説記憶不清。

　　我對王鑄是以能作詞的後輩相看，我與王鑄是有同一留戀封建文學的嚴重罪過。

① 應為 1967 年。

② 1966 年春，張伯駒應吉林省長春市政協之邀，親赴天津撰寫有關鹽業
銀行歷史，經過數月的努力，張伯駒於同年 6 月 22 日在天津寫成〈鹽
業銀行與北洋政府和國民黨政權〉一文。本段文字資料據編者收藏史
料整理。

③ 張牧石（1928－2011），天津人，字介盦，號邱園，別署月樓外史。
當代著名詞人、書法篆刻家、金石書畫鑒定家。生前曾任中國書法家
協會會員，天津書法家協會顧問，中華詩詞學會常務理事，天津詩詞
社副社長，天津印社顧問。著有《繭夢廬詩詞》、《篆刻經緯》、《漢印
擷英》、《張牧石印譜》、《張牧石藝略》等。張伯駒先生忘年交。伯駒
先生曾將張牧石與陳巨來並稱為篆刻界的「南陳北張」。張伯駒晚年常
用印章多出自張牧石之手。本段文字資料主要參見陳炳華主編：《中國
古今書畫名人大辭典》，頁 523。

④ 吳文英（約 1200－1260），字君特，號夢窗，晚年又號覺翁，浙江
寧波人。《宋史》無傳，一生布衣，神遊天下，於蘇、杭、越三地盤桓
最久。憑生所至之地，必有題詠。有《夢窗詞集》一部，存詞 340 餘
首，分四卷本與一卷本。其詞作數量豐沃，風格雅致，多酬答、傷時
與憶悼之作，又號「詞中李商隱」。

⑤ 朱大炎，生卒年不詳，民主人士，喜愛文史，與張伯駒先生交好，
六十年代曾任長春市嘉美製罐廠廠長。

⑥ 胡蘋秋（1907－1983），原名胡邵，原籍合肥，生於保定。少習劇
旦角，為民國京劇四大名票之一。擅青衣、花旦、刀馬旦，並反串鬚
生。與梅尚程荀四大名旦交往頗深。其驚世駭俗之處還在詩詞修養，
尤其他化名女性所制詩詞，堪稱驚才絕豔，被驚歎為「千古一人」。與
夏承燾、張伯駒等詞家多有唱和。

關於張伯駒與胡蘋秋之間的交往還有一段雅事在詞壇流傳，原來早在
1963 年秋，張伯駒偶爾從福建寄來的《樂安詞刊》上看到了署名「胡

芸娘女史」的詞作，很為作者的才情吸引，遂與「胡芸娘女史」詩詞唱和，數年間竟有又得知音之感，詞作竟寫了厚厚的四大冊。多年後方知，此「胡芸娘女史」乃為一個叫做「胡蘋秋」的鬚眉男子化名而為。後來這段詞壇雅事被叢碧先生的詞友編成崑曲《秋碧詞傳奇》行世，為此年近耄耋的張伯駒賦詩感慨：「三絕於今成鼎峙，桃花扇與牡丹亭。」

⑦ 楊公驥（1921－1989），河北正定人，文學史家。曾任東北師範大學教授，吉林省社會科學院副院長，吉林省文聯副主席，中國作家協會吉林分會名譽主席等職。論著涉及中國古代文學、哲學、歷史、文藝、語言、訓詁、考古、民俗等學科，其學術成就在學界影響廣泛。著有《中國文學》（第一分冊）、《唐代民歌考釋及變文考論》。

⑧ 孫常敘（1908－1994），字曉野，河北樂亭人。1908 年出生於吉林省吉林市。吉林省立大學文法學院教育系肄業。曾任長白師範學院、東北師範大學教授。1949 年後，歷任東北師範大學教授、中文系主任，中國語言學會理事、吉林省文史館館長、東北師範大學中文系主任、名譽系主任等職。孫曉野先生擅長考據訓詁，兼善書法篆刻、古琴、繪畫諸藝。著有《漢語詞匯》、《龜甲獸骨文字集聯》、《孫常敘古文字學論集》等。

〔散記〕

一事能狂便少年
家庭成分　歷史　江北某孫
失戀　沒有結過婚　無病呻吟

# 〔一九六二年〕

　　六二年十月王承禮去吉林市挖掘長蛇山，要我去吉林市收購碑帖並參觀長蛇山。我去吉林市到長蛇山參觀，館內考古隊正在挖掘，位於民房內，在吉林市看了王承禮要所收購的碑帖，多非佳品。我與蘇興鈞①挑揀了一部分碑帖，用去八百餘元，又由吉林市文〔化〕局約本地私人收藏者吃飯，能收購他們的書畫，經我了解本地收藏者並無藏有較好價值的書〔畫〕，只看見一張山水畫，年代夠明朝，我即告吉林市博物館，對此畫注意，至於所收購的碑帖，在館內亦只是三級品。王承禮的意思並不在這些，碑帖是與本館輔導部有關的。全是擴張主義，使本省、市、縣博物館置於省館領導之下。

　　六三年底，我以書面向宋振庭辭副館職未准，過了不多天，王承禮到我家說，我收購書畫皆已經過複查，以後要我還積極起來。按我在北京收購書畫已感覺到犯了本位主義錯誤，而這時王承禮的談話還沒有認識到錯誤。

1、長蛇山挖掘②
2、李又罘③畫展

3、複查積極

4、一分為二看

5、揭蓋子

6、印藏畫集

7、借給富振聲[④]字畫

六四年，王承禮對我說文化部對在北京搶購書畫批評到幾個博物館，有本館在內，並批評到我。王承禮沒有給我看文化部原文，我說：文化部批評是對的，我們應當接受教育。

王承禮說：也要一分為二看。

意思說雖受到批評，但文物是收到了，這還是存在着本位主義。

1、六二年，省文學藝術界聯合會，我與王承禮談到開會的情形，王承禮說正在揭蓋子「我又看見黑板壁報上寫有對鄭國批評，也未免過分」一語。毛主席第一張大字報說「叛徒、內奸、工賊」劉少奇「關係到一九六二年極右傾和一九六四年形左而實右的錯誤傾向，豈不是更可以發人深省了嗎」。一九六二年「叛徒、內奸、工賊」劉少奇的右傾時期是揭誰的蓋子呢？

2、收購古代書畫，王承禮希望我能收到一件唐畫，唐畫存世者甚少，故宮佚失於東北的書畫中的唐畫，多由故宮博物院、遼寧博物館收到，在現時即宋畫亦難收到，王承禮

意在本館印藏畫集，開始有一件唐畫就可以超過除故宮博物院、上海博物館、遼寧博物館外其他博物館所印的藏畫。但唐畫始終未能收到，本館藏畫集由六二年冬籌備，選了八十餘件，內有宋、金、元、明、清畫，內容亦能趕上廣州、天津博物館的藏畫集。六三年曾將一部分照片寄故宮博物院文物出版方面，後因文物出版方面人員將下鄉搞四清運動而停頓，至六五年故宮文物出版方面來信詢問是否繼續出版，王承禮說現在氣候不對了，如果本館藏畫集出版又是放封建意識的毒素。

3、六四年我與蘇興鈞審查書畫分級，至清代有幾件書畫我〔找〕不到了，有金冬心字卷、鄭板橋畫竹軸都是真跡，經詢問由富振聲借回家去已有一年多，我上次曾檢舉富振聲利用職權破壞國家保管文物制度，但借出經過我不知，經詢李運說是王承禮借出的，王承禮這一嚴重錯過應與富振聲相等。

六二年我在省藝專講中國書法兩小時，聽講的為美術系教師及學生，所講自有毛筆始，篆、隸、行、草、真、楷的發展沿革及歷代書法變化和有名書家簡介。六三年省美術協會開會，我在會上講演中國書法，我還負責省美協書法組，又參加省政協書畫組。六三年省美協舉辦吉林省書法展覽，這時我在省政校學習，還請假兩小時到會場佈置，這都是在本省放了封建主義遺留下來的書法毒素。

民間藝人

## 註　釋

① 蘇興鈞：曾為張伯駒的助手，後來又任吉林省博物館研究員、副館長，博物館的法人代表，業務館長等職務。

② 長蛇山遺址位於吉林城北 10 公里龍潭區哈達村，由南北相連的兩座小山組成，該遺址總面積約 3 萬平方米。1949 年後，吉林省博物館等單位先後在此遺址南山頭進行三次清理發掘，共發掘房址 15 座，灰坑 17 個，墓葬 4 座，出土石、陶、銅、玉器 612 件。中國社會科學院考古研究所對長蛇山遺址出土的木炭碳 14 測定，確定其年代為公元前 405 年上、下 85 年。長蛇山遺址是西團山文化中的一處典型遺址，早在 1961 年即公佈為吉林省級重點文物保護單位。

③ 李又罘（1908－1976），字光郙，別號石屋。山東省諸城人。1925 年入上海美術專科學校學習。後在山東從事美術教育工作。盧溝橋事變後，參加抗日宣傳活動，曾在濟南與施展、王景魯等三人組織「無名畫展」。1938 年到延安，在陝北公學、魯藝美術系學習。1946 年被派東北任黑龍江省綏化第一中學校長。次年東北解放，任瀋陽故宮博物館館長兼東北展覽館館長。1949 年後，一直從事文化教育工作。1954 年調吉林省，任長春市文化局副局長、美協吉林分會主席、中國美術家協會理事。本段文字資料參見中國美術館編：《中國美術年鑒》，南寧：廣西美術出版社，1989，頁 285。

④ 富振聲（1912－1985），遼寧西豐人。原名董維林，又名胡松。早年參加革命，1949 年後，歷任中共黑龍江省委宣傳部部長、吉林省委書記處書記，吉林省第四屆政協副主席等職。本段文字資料主要參見李盛平主編：《中國近現代人名大辭典》，頁 686。

# 檢舉耿際蘭

　　六一年耿際蘭[1]為藝專音樂系要約一個教二胡的教師，音樂系琵琶教師李廷松[2]推薦兩個人，一個是甘柏林[3]，是瞎子，黨員；一個是胡江飛[4]，在民族學院音樂系代課的，自稱教授。李廷松推薦時說明甘柏林的技術好，胡江飛的人品較差。但是，耿際蘭還是用了胡江飛，以為他是教授，胡江飛開口要每月一百八十元工資，耿際蘭給了每月一百五十元，試課半年。甘柏林則被吉林藝術學校約去教課，每月工資八十元，後來經調查，胡江飛是個招搖撞騙的人，半年期滿才辭聘。吉林藝校仍約甘柏林教二胡，這說明耿際蘭不信任黨員和民間藝人，只認識教授，全是以資產階級知識份子統治學校的思想和作風。這時我住在藝專南湖宿舍，所以我知道這件事情予以檢舉。

## 註 釋

① 耿際蘭（1920–2014），山東省金鄉縣，1939 年 12 月參加工作，先後在延安魯迅藝術學院院務處、延安部隊藝術學校工作，後在延安行政學院和魯藝中文系學習。1946 年入黨，同年隨組織離開延安去往張家口，期間曾擔任裕民小學校長。1952 年，她作為重點培養的幹部，被派到瀋陽中級黨校學習，之後因工作需要，在大連、長春的商業部門工作。1957 年，調任吉林省文化藝術幹部學校校長；1959 年，吉林藝術專科學校成立，出任藝專副校長。「文革」期間，受到殘酷迫害，被卜放勞動，1973 年調回藝專。1978 年開始，任吉林藝術學院副院長，主持工作。1978 年至 1984 年，任吉林省政協委員、政協文藝組副組長。1985 年離休。在二十多年的藝術教育實踐中，為創建吉林藝術專科學校和建設吉林藝術學院做出了突出貢獻。本段文字資料參考吉林藝術學院官網「吉藝新聞」之「學院原副院長耿際蘭同志因病逝世」公告。

② 李廷松（1906–1976），江蘇蘇州人。十六歲從師琵琶名家汪昱庭、施松柏，是汪派琵琶的最為重要的傳人。1926 年加入上海音樂研究會。除琵琶外，還擅演二胡、箏、三弦等民族樂器。為中國音樂研究所特約演奏員。長期從事音樂教學工作，先後在中央音樂學院、天津音樂學院、哈爾濱藝術學院、瀋陽音樂學院、吉林藝專任教。整理出版過《霸王卸甲》曲譜，有〈傳統琵琶的音律和音階〉等文章發表。本段文字資料主要參見李盛平主編：《中國近現代人名大辭典》，頁 256。

③ 甘柏林（1935–　），著名盲人二胡演奏家，被譽為「當代阿炳」，湖南長沙人。家富產業，1938 年那場在中國近代史上著名的長沙大火，家產焚燒殆盡。1941 年，無以為繼的母親忍痛將他送到衡陽孤兒院；1943 年雙目不幸失明；同年 12 月，經過千辛萬苦甘柏林獨自找到母親相認；後進長沙盲校，跟武泗玉（盲人）老師學習二胡、笛子、揚琴；1956 年，中央人民廣播電台播放了甘柏林用二胡演奏的劉天華和阿炳的幾支樂曲，在全國引起了強烈反響。1956 年參加了「第一屆全

國音樂週」，演奏《懷鄉行》、《二泉映月》等曲目，被譽為「青年二胡演奏家」。此後，曾先後赴朝鮮、南斯拉夫、西班牙、美國、埃及等國訪問演出。在北京、長春、吉林、長沙、台北、台中、香港等地舉辦二胡獨奏音樂會，多次到中央電台、中國唱片社錄音，錄製唱片，唱片還遠銷澳大利亞、前蘇聯、東歐、新加坡等國家，成為馳名中外的盲人二胡演奏家。1958 年，全國第一次文教群英會在北京召開，甘柏林受到了毛澤東、周恩來、劉少奇、朱德等黨和國家領導人的親切接見。1963 年，甘柏林被下放到吉林省，在吉林省藝術學院音樂系任教。歷任吉林市、吉林省藝術學校教員，吉林藝術學院副教授、教授、中國盲協主席、中國殘聯副主席。1998 年被選為第九屆全國政協委員。本段文字資料參考中國二胡網官網之二胡名家甘柏林。

④ 胡江飛：生卒年不詳，江西贛州人。曾任教於中央民族學院、吉林藝術學校，八十年代退休後回到江西師範大學藝術系任教。本段文字資料參考江西虞孝碩博客《章貢絮語》之「遙遠的琴聲」。

# 祭孔演奏的古樂：
## 琴、瑟、壎、篪、排簫、祝、敔

一九四五年日本投降後，偽國民黨教育部特派沈兼士[①]接收北海團城。日偽組織書院圖書等皆移交，北大團城內皆空房，這時我想辦一個國學院，與沈兼士借團城房屋數間，並問其辦法，沈兼士說須向偽國民黨政府教育部遞文備案，並呈報基金數目。

我遞文偽國民黨教育部備案，報基金數目五百萬元，按彼時五百萬元約值現在人民幣七八百元至一千元，偽教育部置之不理，因成立國學社由傅嶽棻[②]（軍閥時代，曾任教育部次長）任理事長，我任副理事長，內分文史、書畫、樂曲三組，由北平市每月補助一百萬元（合現值一百幾十元），文史書畫均未舉辦，只樂曲組舉辦古樂一部分。

偽北平市長為熊斌[③]，馮玉祥之參謀長，係舊識了。在國子監設一傳習班，有學生二十餘人。曾舉行祭孔一次，以古樂琴、瑟、壎、篪、排簫、祝、敔等樂器伴奏，由熊斌主祭。後熊斌去任，國民黨經濟崩潰，所補助經費一百萬元已毫不足用。古樂傳習班因亦停辦，傅嶽棻病故，由華北文法學院院長李宗仁之政務處長王捷三[④]接任理事長。北平和平解放後，華北文法學院停辦，校址、圖書、器具統交給公

家，北平國學社亦呈報結束。

騎射會由北平市財政局、社會局組織的，熊斌要我當理事長，我以為騎馬射箭是燕趙風氣，因應允擔任後，乃知騎射會主要是賽馬，在西郊跑馬場每星期日、星期六比賽，完全是賭博性質，係財政局欲藉以籌款，場內亦設一箭靶及弓箭等，無人去射，跑馬私弊重重難以制〔止〕，我當了一個月的理事堅決辭退。

一九四六年至四八年，去上海在民盟主席張瀾⑤家曾與黃炎培⑥、章伯鈞⑦見，時羅隆基⑧在醫院未見到。北平和平解放後，張瀾、沈鈞儒⑨、黃炎培、章伯鈞、羅隆基到北京，在北京飯店又見過面。人民政府成立後，章伯鈞任交通部長。我沒有到家裏去過，除開會見到面外彼此無來往。羅隆基常買假字畫，有時打電話約我到他家鑒定字畫，我亦認識到羅隆基是政客且有外國習氣，我避免到他家去，五六年我將所藏晉、唐、宋、元法書捐獻給國家，這一年到他家他說我是書呆子，說我：〔你〕認為所藏這些古代法書珍貴的了不得，共產黨看了不在乎，毛主席每天接信豈止一萬封，還記着你的信！你如果想〔要〕一個位置，由我們推薦就行了，無需多此一舉。⑩

我對羅隆基的話一言未答，以後我也不再到家去。

章伯鈞，五七年〔指 1957 年，編者注〕春在全國美協參觀美展時遇見他的，我到他家吃午飯，這是第一次去他家，在車上章伯鈞同我説我們是老朋友，有需要他幫忙的事他可以幫忙。意思也是我要託他向政府推薦，我也沒有作

答，反右後五九年冬，章伯鈞夫婦到我家裏去，章伯鈞說：政治的事情不能作了，今日座上客，明日階下囚。來的意思他女兒〔指章詒和，編者注〕再有兩年高中畢業，預備讓她考美術學院，現在學國畫，他想到潘素最相宜，求收她作徒弟，當時不好意思拒。潘素答應教她第二天，潘素向北京中國畫研究會黨領導趙楓川⑪彙報情況，黨領導說可以教她，所以到春節章伯鈞必來拜年，我也回拜他。六一年十月我來吉林省工作，六二年春節回到北京，章伯鈞到我家拜我又回拜了他，等不多時，羅隆基也來他家，與我打招呼後即與章伯鈞談話，我聽他們談的是章乃器⑫〔被〕開除民建會籍的事。等我要走時，章伯鈞同我和羅隆基說我們明天晚上去四川飯店聚餐，他去定座，並要我明天在家候着，他六點鐘坐車去接我。第二天晚在四川飯店聚餐的，除章伯鈞夫婦、羅隆基和我外，還有四人：一、陳□□⑬（全國政協委員），其他三人有一女的經介紹後姓名已不記⑭，皆民主黨派人士（不是右派），六三年春節去北京，章伯鈞的女兒去我家拜〔年〕，我同她說：我不去看你父親了。

後來章伯鈞也來拜年，我存在着封建舊思想舊習慣，感覺不好意思，又去他家回拜，章伯鈞還約我夫婦在他家吃一次飯，章伯鈞說到蘇修，他說：社會主義陣營削弱了。

他的老婆李□□〔指李健生，編者注〕岔話說：不要談這些事情，還是請張先生看看你的字畫吧。

章伯鈞拿出他的字畫看了，到前廳看他的〔收〕藏和十幾盆臘〔梅〕花。這次又在四川飯店聚餐，還是以前的人，

事後我感到犯了錯誤，我是在職人員，章、羅是五七年向黨進〔攻〕的右派頭頭，這樣與他們來往和聚餐是敵我不分，以後再也不到章伯鈞家與其見面，以上是沒有交代過，現在交代。

## 註　釋

①　沈兼士（1887－1947），浙江吳興人。書法家沈尹默之弟。早年留學日本，並加入同盟會。回國後，歷任清華大學教授、輔仁大學教授、北京大學文學院院長和北大研究所國學門主任、故宮博物院文獻館館長、輔仁大學代理校長。是中國語言文字學家、文獻檔案學家、教育學家。曾與其兄沈士遠、沈尹默同在北大任教，有「北大三沈」之稱，又為中國新詩倡導者。他在訓詁、文字、音韻、檔案學等領域均建樹頗豐。著有《廣韻聲系》、《段硯齋雜文》等。本段文字資料主要參考李盛平主編：《中國近現代人名大辭典》，頁 335。

②　傅嶽棻（1878－1951），字治鄉，號娟淨，湖北武昌人。為清光緒舉人，歷任山西撫署文案，山西大學教務長及代理監督，京師學部總務司司長，1912 年任民國政府國務院教育部次長，代理部務；後任國立北平大學、河北大學、北京大學、北京師大教授。傅嶽棻長期從事外國歷史、國文課的教學和研究工作，著有《西洋史講義》、《遺芳室詩文集》等。

③　熊斌（1894－1964），字哲明，湖北禮山人。曾任陝西省政府主席、北平市市長，1933 年 5 月曾代表中國方面同日本簽訂《塘沽協定》。1949 年撤退台灣。本段文字資料主要參見李盛平主編：《中國近現代人名大辭典》，頁 729。

④　王捷三（1898－1966），原名鼎甲，陝西韓城人。畢業於北京大學哲學科。李宗仁任北平行轅主任時，王捷三應約任北平行轅政務處處

長，接辦私立華北文法學院，並任院長，聘請有學識的進步教師，掩護進步人士，並為北平和平解放做出重大貢獻。1950 年回陝，先後在西北大學、西安師院、陝西師大任哲學與文學教授。1957 年調西安文史館工作。著有《唐代詩人與長安》、《蘇軾試論》、《乙亥雜詩》等。

⑤ 張瀾（1872－1955），字表方，四川南充人，清末秀才，中國民主革命家。1941 年參加發起中國民主政團同盟（1944 年改為中國民主同盟），任中國民主同盟主席。1949 年出席中國人民政治協商會議，當選為中央人民政府副主席，1954 年當選全國人大常委會副委員長、全國政協副主席。本段文字資料主要參考李盛平主編：《中國近現代人名大辭典》，頁 340。

⑥ 黃炎培（1878－1965），字任之，上海川沙人。中國教育家、實業家、政治家，中國民主同盟主要發起人之一。中華人民共和國成立後，歷任中央人民政府委員會委員、政務院副總理兼輕工業部部長，中國人民政治協商會議第二、三、四屆全國委員會副主席。本段文字資料主要參見李盛平主編：《中國近現代人名大辭典》，頁 617。

⑦ 章伯鈞（1895－1969），安徽桐城人。武昌高等師範畢業。1922 年入德國柏林大學攻讀哲學。1923 年加入中國共產黨。著名的政治活動家，中國農工民主黨創始人和領導人之一。1949 年後，曾任中央人民政府委員，政務院政務委員，中國民主同盟副主席，農工民主黨主席，中華人民共和國交通部長，《光明日報》社社長等職。本段文字資料主要參見李盛平主編：《中國近現代人名大辭典》，頁 644。

⑧ 羅隆基（1896－1965），江西安福人，字努生。中國民主同盟創始人之一。1949 年後任民盟中央副主席、政務院委員、森林工業部部長等職。本段文字資料主要參見李盛平主編：《中國近現代人名大辭典》，頁 452。

⑨ 沈鈞儒（1875－1963），字秉甫，號衡山，浙江嘉興人。中國法學家，政治活動家，曾任民盟中央主席，歷任中央人民政府委員、最高人民法院院長、全國人大副委員長、全國政協副主席等職。著有《寥寥集》、《家庭新論》等。本段文字資料主要參見李盛平主編：《中國近現代人名大辭典》，頁 334。

⑩ 羅隆基所説「多此一舉」是指張伯駒先生把自己珍藏的李白《上陽臺》貼贈送毛澤東一事。

⑪ 趙楓川（1915－1988），筆名木風，河北省高邑人，擅國畫。畢業於北平京華美術學院。曾任北京市文聯副常務理事、副秘書長、北京畫院院長、北京市文化局副顧問、中國美術家協會北京分會副主席等職。擅長山水畫創作，有作品《華山》、《黃山雲海》等。五十年代創作有連環畫《中國共產黨三十年》、《豐收的喜悦》等。本段文字資料主要參見中國美術館編：《中國美術年鑒》，頁 345－346。

⑫ 章乃器（1897－1977），原名埏，浙江青田人。中國民主建國會創辦人之一。1949 年後，出任中國人民銀行顧問，並參加全國政協。1952 年，章出任中央人民政府糧食部部長，創立了糧票制度，穩定了糧價。與陳叔通、李維漢共同負責創建全國工商聯，任副主任委員。著有《章乃器論文選》、《中國貨幣論》等。本段文字資料主要參見李盛平主編：《中國近現代人名大辭典》，頁 644。

⑬ 即陳銘德（1897－1989）、鄧季惺（1907－1995）夫婦。據章詒和：〈張伯駒的文革交代〉，《炎黃春秋》，2013 年第 6 期，頁 78。

⑭ 即康有為的女兒康同璧。據章詒和：〈張伯駒的文革交代〉，《炎黃春秋》，2013 年第 6 期，頁 78。

# 認真學習兩條路線鬥爭的歷史

1949.3.5，七屆〔指中國共產黨七屆二中全會，編者注〕
自己所作是哪條路線？

館十年來是哪條路線？封資修

劃時代的馬列主義文獻。

全國勝利後，階級與階級矛盾，階級鬥爭指出基本矛盾
是工人階級與資產階級的矛盾，這就由民主革命轉入社會主
義革命。十幾年來階級鬥爭事實證明毛主席英明預見，總結
了民主革命時期兩條路線的鬥爭，分析了民主革命獲得基本
勝利階級鬥爭的新形勢，提出了從新民主主義革命轉變為社
會主義革命建立和鞏固無產階級專政，建設社會主義的偉大
綱領，是在整個過渡時期反修、反左右傾機會主義路線的銳
利思想武器，偉大綱領，照耀十九年來。[1]

## 註　釋

[1] 指 1949 年七屆二中全會召開至張伯駒先生進「牛棚」時的 1968 年，
前後共十九年。

# 七屆二中全會報告<sup>①</sup>

1、解決國民黨軍隊方式，天津、北平、綏遠三種：改造、淘汰、鎮壓。

2、解放軍永遠是一個戰鬥隊，在國內沒有消滅階級和世界上存在着帝國主義制度的歷史時期內，用北平或綏遠方式，解放軍又是一個工作隊，隨着戰爭逐步減少，工作隊作用增加，特需使解放軍全部轉化為工作隊，二百一十萬解放軍看成一個巨大幹部學校。

3、鄉村轉化城市，城鄉結合工農、結合工業農業緊密聯繫，黨與軍隊努力學會管理城市、建設城市，學會在城市與帝國主義國民黨資產階級作政治經濟文化鬥爭，學會同這些人作公開階級鬥爭，否則，不能維持政權。拿槍的敵人消滅以後，不拿槍的敵人依然存在，他們必然與我們作拼死的鬥爭，絕不可輕視這些敵人。

4、全心全意依靠工人階級，團結其他勞動群眾，爭取知識份子及可能合作的民族資產階級，恢復發展城市生產事業，學習同生產有密切聯繫的商業工作、銀行工作，消費城市變為生產城市，城市中其他工作，黨政權機關、工會民政團體、文化教育、肅反通訊社、報紙、廣播電台，都是圍繞

生產中心工作所服務的。

5、南方消滅國民黨武裝力量，建黨建政權，發動民眾建工會農會，其他民眾團體，消滅國民黨殘餘努力，恢復生產事業。去除消除土匪惡霸（地主當權派），解放軍到達的地區，一年到兩年完成減租減息任務，造成分配土地條件。

北方動員一切力量發展生產事業，恢復發展文化教育事業，掃清殘餘反動力量，鞏固整個北方支援人民解放軍。

6、一、中國已經有百分之十的現代化工業，與古代不同，新的階級、新的政黨受過重重壓迫，經過鍛煉，有領導中國革命資格，誰忽視輕視即犯右傾錯誤。中國還有百分之九十左右分散的個體的農業手工業。經濟是停留在古代的，是古代封建土地所有制，現在被廢除，將有區別於古代，將待發展手工業進步，向現代化發展，但是今後一個相當長的時期，農業和手工業還是分散的個體，與古代近似，誰要忽視、輕視這一點，就要犯左傾機會主義的錯誤。

二、中國現代性工業雖佔國民經濟總額百分之十，但是集中的，最大最主要的資本在帝國主義及其走狗、官〔按：僚〕一級的手中，沒收這些本歸一無所有的人民手中，就使人民共和國掌握了國家經濟命脈，使國營經濟成為整個國民經濟領導的成分，不是資本主義性質的經濟，誰要忽視就要犯右傾機會主義的錯誤。

三、中國私人現代性工業、資本主義工業佔第二位，城市私人資本民族資產階級及其代表人物因受帝國主義壓迫，在民主革命鬥爭常常採取保持中立立場，並由於中國經濟現

在還處在落後狀態，一切有利於國民經濟許其存在發展，但在活動範圍、稅收政策、市場價格、勞動條件各方採取各個時期具體情況，有伸縮性限制政策，但私人大企業家要有所限制，限制和反限制將是新民主主義國家內部階級鬥爭的主要形式，如果不限制、放棄限制本口號是右 —— 限制太大、太死或即消滅犯左傾一說。

五、分散個體農業手工業經濟，引導其向現代性、集體性發展，必須組織生產的、消費的、信用的合作社，單有國民經濟、沒有合作社經濟，就不能領導勞動人民由個體走向集體，就不可能由新民主主義社會發展到社會主義社會，鞏固無產階級領導權，誰要忽視就犯極大錯誤。國民經濟是社會主義性質，合作社是半社會主義性質的，加上私人資本主義、個體經濟、國家和私人合作的國家資本主義經濟，這些就是人民共和國幾種主要經濟成分，構成新民主主義的經濟形態。

六、對外貿易統治，肅清帝、封、官、資本主義和國民黨統治，使農業國變成工業國，沒有對外貿易是不可能的，在全國勝利解決土地問題以後，還存在着兩種基本矛盾。一、國內的，即工人階級與資產階級的矛盾。二、國外的，中國與帝國主義的矛盾。因為這樣工人階級領導的人 —— 國的國 —— 權，在人民民主革命勝〔利〕以後，不是可以削弱，而是必須強化。對內的節制資本，對外的統治貿易，是國家在經濟鬥爭中兩個基本政策。誰 —— 點就犯 —— 大的錯誤。

七、中國經濟雖落〔按：後〕，但中國人民勇敢而勤勞，革命的勝利，人民共和國的建立，黨的領導經濟發展一定是快的，對於經濟悲觀的論點毫無根據。

7、徹底摧毀帝國主義。在中國經濟文化方面的控制權，不承認國民黨統治時代的任何外國外交人員機關的合法地位，不承認國民黨時代的一切賣國條約繼續存在，取消一切帝國主義在中國宣傳機關，立即統治對外貿易，改革海關制度，這些做了以後中國站起來了，對於普通外僑保護其合法利益，對帝國主義非其改變輕視中國的態度後，不予承認其在中國合法地位，對於同外國人做生意，有生意就要做，首先與社會主義做生意，同時也與資本主義國家做生意。

8、召集政協會議。全面性談，地方性談判，有精神準備，不打桂系和其他國民黨主和派，保證南方資產階級利益，成立政府，定都北平。不能圖清靜，不接受談判，也不能糊裏糊塗的接受談判，原則性必須堅定，要有為實現原則的一切許可的和必需的靈活性。

9、無產階級領導的以工農聯盟為基礎的人民民主專政，黨要認真的團結全體工人、全體農民和廣大革命知識份子，這些是專政的領導力量、基礎力量，同時要求黨團結可能多的能和我們合作的城市小資產階級、民族資產階級的代表人物，它們的知識分政治派別，陷敵於孤，徹底打倒國內反動派，國外帝國主義勢力。迅速從農業國變成工業國，團結民主黨派，實行長期合作，政〔府〕從團結出發，對他們的錯誤和缺點進行認真批評鬥爭，反對右的遷就主義、左的關門主義。

10、全國勝利衝破帝國主義在東方戰線，不要很久時間、很大氣力。鞏固勝利則要很長時間、很大力氣。資產階級懷疑建設能力，帝國主義估計終要向他乞討，因勝利黨內驕傲情緒、以功臣自居情緒、停頓不求進步情緒、圖享樂不願再過艱苦生活情緒會產生，因勝利人民感謝我們，資產階級也會出來捧場。敵人的武力是不能征服我們的，這點已經得到證明了。資產階級的捧場則可能征服我們，隊伍中的意志薄弱者，可能有這樣一些的共產黨人，他們是不曾被拿槍的敵人征服過的，他們在這些敵人面前不愧英雄稱號，但是經不起人們用糖衣裹着的炮彈攻擊，他們在糖彈面前要打敗仗，我們必須預防這種情況，奪取全國勝利這只是萬里長征走完了第一步，如果這一步也值得驕傲，那是比較渺小的，更值得驕傲還在後頭，再過了幾十年之後來看中國民主革命的勝利，就會使人們感覺那好像那只〔是〕一出長劇的一個短小序幕，劇是必須從序幕開始的，但序幕還不是高潮，中國的革命是偉大的，但革命以後的路程更長，工作更偉大、更艱苦，這一點就必須向黨內講明的，務必使同志們保持康健謹慎〔應為「謙虛謹慎」，編者注〕、不驕不燥的作風，務必使同志們保持艱苦奮鬥的作風，我們有批評與自我批評馬列主義的武器，我們能夠去掉不良作風，保持優良作風，我們能夠學會我們原來不懂的東西，我們不但善於破壞一個舊世界，我們還能夠建設一個新世界，中國人民不但可以不向帝國主義乞討活下去，而且還將活得比帝國主義更好一些。

---

① 即中國共產黨第七屆中央委員會第二次全體會議，會議於 1949 年 3 月 5 日至 13 日在河北省平山縣西柏坡舉行，出席這次全會的有中央委員三十四人，候補中央委員十九人，列席會議的十一人，由毛澤東、劉少奇、周恩來、朱德、任弼時組成的主席團主持了此次會議。七屆二中全會是解放戰爭時期中共召開的唯一一次中央全會，會議做出的各項政策規定，不僅對迎接中國共產黨革命的勝利，而且對新中國的建設有重大作用。

# 〔散記〕

博

封資修

博專對

資〔產階級〕知識份子

搖擺不定

買空賣空、出賣

風雲雷曆

勾心鬥角

裝腔作勢

朋比為奸

陰陽兩面

# 考慮寫忠於毛主席不徹底一文

　　抗日時期，從北京到西安居住，<sup>①</sup>國民黨特務對外地去的人很注〔意〕。聽說有去延安參觀的，我想去而無方法門路，又聽說毛主席看《資治通鑒》，我很高興，因為我腦子裏有一部《資治通鑒》封建的歷史，這就是我很高興的出發點。

　　日本投降後，在北京四八年〔1948年〕我就看到毛主席《沁園春・北國風光》一詞，我極為崇拜毛主席，主要在詞的後半首：「江山如此多嬌」至「數風流人物且看今朝」一段，仍然是出發於封建歷史，曲解毛主席的詞意。解放全國，毛主席任人民政府主席。

　　五三年〔一九五三年〕我將所藏唐李白「上陽台」真跡<sup>②</sup>呈獻給毛主席，因為李白書法渾厚雄壯，正合乎毛主席的氣概。

　　「叛徒、內奸、工賊」劉少奇接任人民政府主席，我在北京市民盟小組會上說，毛主席任人民政府主席大家沒有話說，劉少奇大家對於他沒有印象，任政府主席，我搞不通。以上說明，我擁護毛主席，其實我與工農兵以熱心、熱血、熱情、熱淚擁護毛主席截然不同，工農兵是從階級立場擁護

毛主席，我是從封建主義擁護毛，不惟不徹底，而恰恰走向反面。

毛主席最新指示：歷史經驗值得注意，一個路線、一種觀點要經常講、反覆講，只給少數人講不行，要使廣大革命群眾都知道。③

對毛主席這一指示要經常學，反覆學，只學一兩次是不行的，對一個路線一個觀點，根據歷史經驗不斷地學才能知道。

毛主席七屆二中全會報告重新發表：這一偉大、意義劃時代的馬列主義文獻，鼓舞了億萬軍民。我過去對七屆二中全會毛主席的報告，雖然學習過，但沒有深刻的體會和認識，沒有認識到是從新民主主義革命到社會主義革命的一道紅線，沒有認識到是整個□□□時期反對修正主義左、右傾機會主義的銳利思想武器，沒有認識到是社會主義改造、社會主義建設的偉大綱領，沒有認識到是毛主席高深遠英明的預見，這說明我學習的有多麼不夠，多麼落後。

《人民日報》、《紅旗》雜誌、《解放軍報》認真學習兩條路線鬥爭的社論，闡述了建國以來兩條路線鬥爭的歷史，逐一揭發「叛徒、內奸、工賊」劉少奇在政治上、經濟上、文化上反革命，對毛主席無產階級革命路線的滔天罪行，使廣大人民群眾提高了覺悟，就是我這落後的、學習不夠的，也是當頭一棒，我雖然不是黨員，也必須檢查我十九年來我走的是哪條路線，究竟是擁護毛主席還是反對毛主席，來做深刻的認識，也須這樣來改造自己。

───────

① 1942 年 10 月，張伯駒先生偕夫人潘素、女兒張傳綵及全部書畫收藏
品赴西安定居，1945 年 8 月，抗戰勝利，舉家又遷回北京。

② 唐代大詩人李白（699－762）的《上陽台帖》用筆縱放自如，快健
流暢，於蒼勁中見挺秀，意態萬千。結體亦參差跌宕，顧盼有情，奇
趣無窮。《上陽台帖》是李白傳世的唯一書跡。其落筆天縱，收筆處一
放開鋒。該貼為 744 年李白與杜甫、高適同遊王屋山陽台宮訪故交司
馬承禎道長，得知司馬承禎已經仙逝，無緣再見。不見其人，惟睹其
畫作，有感自詠四言詩而書成《上陽台》：「山高水長，物象千萬，非
有老筆，清壯可窮。十八日，上陽台書，太白。」貼縱 28.5 厘米，橫
38.1 厘米，為紙本墨蹟。該帖世傳有緒，最早曾入宣和內府，後歸奸
相賈似道，元代經張晏珍藏，明藏項元汴處。清代先為安岐所得，後
再入內府，清末流出宮外。民國時入藏張伯駒展春園，1953 年張伯駒
轉贈毛澤東。1958 年毛澤東轉交故宮博物院收藏。該貼自入內府以
來，歷代均認為是謫仙真跡，當代鑑定大家徐邦達先生則認為此帖較
為粗率，用筆疑似宋代散無心，缺少唐代硬毫筆的特徵，認為「不但
不能是李白，恐怕連時代都不夠五代以前」（參見徐邦達：《古書畫偽
訛考辨》，南京：江蘇古籍出版社，1984，頁 92－93）。啟功先生則
認為，「帖字是唐代中期風格，上有『太白』款，字跡不是鈎摹，瘦金
題簽可信。在這四項條件之下，所以我們敢於斷定它是李白的真跡。」
（見啟功：《啟功全集》，北京：北京師範大學出版社，2011，頁 126）

③ 參見《人民日報》，1968 年 11 月 25 日，第 1 版。

〔散記〕

　　過去沒有看成是從新民主義到社會主義革命一道紅線，沒有看成是整個過渡時期反對修正主義、左右傾機會主義的（偉大綱領）銳利思想武器，沒有看成是建設社會主義偉大綱領，沒有看成是毛主席最深遠的英明預見。沒有看成革命勝利、革命再勝利的理論方針政策。

# 〔建國以來的交代
# （一九四九——一九六七）〕

五〇年[①] 至五一年，我任燕京大學中國藝術史名譽導師，所講的課是中國書法史、中國繪畫史，書法史是自有毛筆開始，甲骨、篆隸、真楷、行草歷代發展沿革至清末為止。繪畫自象形文字開始，人物、山水、花鳥畫的歷代發展變化，沿革及畫品至清末為止，雖然書法也説到實用方面，繪畫也説禮教、宗教、政教時期，但都不出封建主義範圍，根本不符合毛主席在延安文藝座談會議上講話的原則，只為封建書畫、文藝作了宣揚，而用以教學。

五一年北京市成立市文聯第一次會[②]，是發起人，會我也參加，有新聞記者要我寫一篇文章，我寫的內容説：每一個時代，有人格之不同，宋代有岳飛也有秦檜，明代有楊繼盛[③] 也有嚴嵩。又説民族傳統文藝，是人民創造的，儘管有汪洋大海的勢力，應當接收過來，這是人性論與無原則的接受封建遺產。

五三年末，杜冰坡[④] 給毛主席上書，請求政府撥款成立保存發揚民族傳統文學藝術，雖然不是我發動的，但我也簽了名，還有梅蘭芳[⑤]、梁漱溟[⑥] 簽了名，我雖然不贊成杜冰坡由上書的人成立的機構的主張，但我也希望文化部能成立

機構，我參加其中，起一個作用，這仍然是無原則的接受封建文藝遺產的企圖。

五二年成立北京棋藝研究社，李濟深⑦任理事長，我任理事兼總幹事，棋藝以圍棋為主，圍棋在中國發源很早，完全是封建士大夫獨賞的，〔音樂，如王維詩「獨 —— 照，」可知。此段文字被作者刪去，編者注〕後傳至日本，現在日本八九段圍棋高手，報社邀對棋一局，每人就要致酬金八百至一千元，成了資產階級獨有的藝術，在中國工人農民有下象棋的，絕少下圍棋的。高的圍棋對局，要從早晨下到晚間，用整天的工夫，不是勞動人民的藝術，是封建士大夫用以消磨光陰的藝術。

五二年我成立了京劇基本藝術研究社，完全是搞的帝王將相、佳人才子劇目，保存過去老藝人流派一成不變，並且支持舊藝人演出壞戲，增加舊藝人保守思想，阻礙了京劇改革進程。

一九四九北平和平解放後，民盟張瀾、沈鈞儒、黃炎培、章伯鈞都到了北京，我才知道民盟內部派別很多，並認識張東蓀⑧、羅隆基是政客作風，但不能拔腿，與沈鈞儒接近。又北平未解放前，北平市民盟臨時工作委員會是由張東蓀組織，主任委員是吳昱恒⑨（原北平市法院院長），我是委員之一，北平解放後，吳晗⑩回來改組北京市民盟委員會，吳晗自任主任委，我想置身事外，不願在張東蓀、吳晗爭權之間受連累，我辭去委員候選人，從此不與吳晗來往。以上兩事說明，我不是階級鬥爭，而是階級調和。

五三年春，成立北京中國畫研究會，我為理事之一，在北海開第一次畫展，我也展出一幅畫的紅梅，據說被一個外國人買走，認為有古老風格也，正是不合於工農兵的封建文人畫，我對國畫主張提高到宋元，正是不為政治服務的純藝術觀點。

五三年，查阜西[11] 成立北京古琴研究會，我為理事之一。古琴樂器股商、西周時代為封建時代廟堂樂器，反映封建幽人雅士自賞之樂器，如王維詩「獨 —— 相照」[12] 可知。我並由京劇社音樂組、十番音樂（為明末宮廷音樂，音樂明亡流傳於蘇、閩，成為貴盛家族欣賞之音樂，見於《桃花扇》、《紅樓夢》）與古琴會在大專院校聯合演奏，宣揚了封建時代音樂。

五六年成立北京中國書法研究社，我任副主席，曾在北海開現代書法展覽，包括北京、上海、天津、廣州、陝西、山東、四川、廣西、福建各地書法家，並在濟南、青島展出，還在北海舉辦北京中學生書展，而在這個書展都是繁文字，沒有寫簡化字的，只是為封建書法遺產作了宣揚。

鹽業銀行[13] 公私合營比其他工商業早，我與鹽業銀行經理王紹賢[14] 代表鹽業銀行任公私合營銀行董事，我所有鹽業銀行的股票由於家庭生活奢侈和在上海被汪逆精衛駐上海偽軍綁架[15] 的損失和買書畫，解放前已經沒有了。因為與鹽業銀行的歷史關係，代表鹽業銀行放款所沒收的股票，後來公私合營重估財產，沒收的股票須歸入行有。王紹賢以他的股票兩萬以我的名字註冊，王紹賢病故，只我一人代表鹽業

銀行，任公私合營銀行董事。重估財產完竣後，重選董事，我聲明沒有股票請予退出，當時人民銀行負責人還派人同我說，仍希望我繼任董〔事〕，鹽業股票股值一萬，才值八百元，要我以八百元買一萬股票即有任董事資格。

六一年，來省博物館工作，去北京收購書畫，因寶古齋古代書畫不輕易售予外省博物館，遂向私人收藏古代書畫者收購，價格亦較寶古齋所出價稍〔高〕，不惟浪費國家資財，且為資產階級收藏家造了機會。其中如明戴進⑯山水、張見陽「棟亭夜話圖」、脂硯齋脂硯⑰，皆故宮博物院所要收藏者，而我收歸省館。如在展覽方面不是為工農兵服務，而是宣揚封建文藝。在保管方面省館倉庫設備是否優於故宮博物院，這是由個人主義出發，說明我能收得到，而犯了分散主義的嚴重錯過。

六二年，舉辦了自有毛筆開始至清末止的歷代書法展覽會，毛主席為當代書法家，並未考慮到展出毛主席的字。簡化漢字為現代在實用上的書法發展，亦未作圖表說明展出，而在品目中還展出了權奸秦檜的字，覆滅太平天國劊子手曾國藩的字，這次展覽全為封建書法遺產作了宣揚。

六二年六三年間，在吉大講詞學，在黨校、藝專、省美協講書法，在戲校、省政協演京劇，也是宣揚了封建的文學藝術。

六三年年底，因我辭副館長職未准，六四年春節作一首結合用宋徽宗詞語，盼望能颳東風把我吹回去。宋徽宗是被虜而放到五國城的，我是被邀約來工作的，處境完全不同，

而時代更不同，宋徽宗的時代是兩個種族戰爭的時代，我的時代是毛主席領導億萬軍民正勝利的建設社會主義的時代，而我玩弄筆墨、無病呻吟，對文藝為工農兵服務的原則謬之千里。

六六年八月，在體育館陪鬥金樹然[18]，這次是武鬥形式。又接着我北京住宅被抄家，經不住考驗，暴露了階級本質，作了兩首反動詞，認為文化大革命運動是黨內分裂，竟把江青組長比作呂后，後來讀毛主席論文學藝術全書，裏面早已說明將來有文化大革命，我悔恨萬分，是我一生最大罪惡、最大的憾事。

六二年約三月底四月初，宋振庭邀約吉大于省吾、藝專王慶淮[19]等在博物館大樓聚會一次，這次聚會沒有什麼名義，就是一般聚會性質，這時我任博物館副研究員，自六一年十月二十一日前到長春，前後在長春時間也只有兩個多月，還不熟悉，除我看過于省吾、阮鴻儀各一次，于省吾、阮鴻儀也回看我一次外，單慶麟、羅繼祖、裘伯弓[20]住在何處我皆不知，約他們這一夥聚會，不是我通知的，可能是在館鑒定書畫時他們已經知道宋振庭約在這一天聚，藝專教師等是耿際蘭通知的，這一天午飯後耿際蘭、王慶淮、孫天牧[21]、李廷松、錦遇春[22]、馬靜怡、我和潘素同在自由大路上電車到博物館。

六七年曾寫對革命群眾、對《春遊瑣談》的大字報，我寫注釋一部分，這是翻案風，我寫了檢討，這說明我不相信群眾。

學術年會寫的稿

六三年至六五年，我約一些封建老頭子和封建學術于省吾等十餘人，略印了五集《春遊瑣談》[23]，每集有一百本之多，內容都是四舊的東西。凡是看到這種書的都受到了毒害，在文化大革命前夕的一株封建學術毒草。

六二年九月，我移居東一宿舍，吉大于省吾、羅繼祖、單慶麟、裘伯弓，應用化學研究所阮鴻儀，於每星期常到我那裏看字畫、閒談，我因提議每人本所知，無論金石、書畫、版本、詞曲、考證、軼聞、故事、風俗、遊覽，隨寫一則可以成一資料、筆記類的書，第一集於六二年十月寫完，除于省吾等外因所寫稿不夠，還邀約北京封建老頭子寫稿，於十月寫完第一集。

看不慣知識份子生活

誇誇其談

紀律

在生活中十幾年來存在着封建時代士大夫四舊生活，與一些封建餘孽聚飲、填詞、聚餐、聯吟、猜詩迷、打詩鐘、春日看杏花、夏日賞荷、中秋玩月、重陽登高賞菊、看紅葉、除夕守歲或公園茶話，或郊外遊覽，或集會聯吟，甚至聞名而未晤面者亦通郵唱和，在社會主義中還像六十年前之歲月，落後到了何種地步。

五三年，我愛人潘素與北京老國畫家合畫冊頁，祝毛主席五九大慶，蒙毛主席春節賞賜禮物，一個普通婦女承當代馬克思列寧偉大世界、革命人民偉大領袖這樣的恩遇，是一

生也夢想不到的，至今所賞賜盛餅乾的筒還珍重保存。我五三年呈獻給毛主席唐李白《上陽台帖》，蒙主席命辦公廳賜予回信，我列入右派後，毛主席的秘書<sup>㉔</sup>在文物商店寶古齋説：張伯駒還是有功於國家的。我夫婦是舊社會資產階級知識份子，何敢當毛主席這樣的眷注！這説明毛主席是最紅最紅的紅太陽，不論哪階級哪階層的人，只要擁護社會主義，有一點微小的表現或動機，毛主席的陽光就照給溫暖，應當如何感激涕零，但是，我是不是站在毛主席馬列主義革命路線上擁護毛主席？不是，我是辜負了毛主席的偉大、寬大的政策。檢查我以上十幾年來一系列的罪行，是站在「叛徒、內奸、工賊」劉少奇反動革命路線上，所作所為都是「叛徒、內奸、工賊、修正主義」所包括的孔夫子封建階級的罪行，回顧起來使我無地自容，應當説死有餘辜，不惟痛恨我自己，更痛恨「叛徒、內奸、工賊」的彌天之罪，而是擁護「叛徒、內奸、工賊」劉少奇，我本來存在着根深蒂固的封建舊文藝堡壘垂絕不斷，又加以「叛徒、內奸、工賊」劉少奇所放的毒素，長了資產階級知識份子的氣焰，使我更入歧途。幸來到學習班使我認識檢查我十幾年來不是擁護了毛主席，而是反對了毛主席一系列的罪行，向毛主席低頭請罪，痛改前非，允許我重新做人，有生之日皆戴德之年，最後萬分感激毛主席的教導和軍工宣革命群眾的幫助。

## 註　釋

① 即一九五零年，在本章文字中所有年份作者均省略「一九」，以下不再
特別標注。

② 北京市文聯成立於 1950 年 5 月 28 日，始稱北京市文學藝術工作者聯
合會，老舍當選為第一屆主席，周恩來與郭沫若、沈雁冰、周揚、丁
玲等出席大會。1963 年 2 月第三次市文代會做出決議，將其更名為北
京市文學藝術界聯合會，簡稱北京市文聯。

③ 楊繼盛（1516－1555），明代著名諫臣。字仲芳，號椒山，河北容城
縣北河照村人。嘉靖二十六年進士，官兵部員外郎。因嚴詞彈劾嚴嵩
而被刺死，刑前大義凜然賦詩曰：「浩氣還太虛，丹心照千古。生平未
報恩，留作忠魂補。」楊繼盛妻殉夫自縊而亡。贈太常少卿，謚忠愍。
後人以繼盛故宅，改廟以奉，尊為城隍。著有《楊忠愍文集》。

④ 杜冰坡（1893－1958），安徽蕭縣人。北大史學系畢業後即留校任
教，並到圖書館工作，正巧與後到的毛澤東同事，兩人同歲且志趣相
投，遂結為好友。1949 年後，毛澤東不忘舊交，與杜冰坡時有書信
往來。

⑤ 梅蘭芳（1894－1961），字畹華。祖籍江蘇泰州，出生於北京的一個
梨園世家。八歲學藝，十歲登台。梅蘭芳是近代傑出的京劇表演藝術
大師，「梅派」藝術創始人，居「四大名旦」之首，他也是享有國際盛
譽的表演藝術大師，其表演體系被推為「世界三大表演體系」之一。
本段文字資料主要參見李盛平主編：《中國近現代人名大辭典》，頁
630。

⑥ 梁漱溟（1893－1988），原名煥鼎，字壽銘。祖籍廣西桂林，生於北
京，中學畢業，後皆自學。著名學者、教育家、社會活動家、愛國民
主人士。現代新儒家的早期代表人物之一，有「中國最後一位儒家」
之稱。梁漱溟受泰州學派的影響，早在上世紀初就在河南、山東等地
發起過鄉村建設運動，並取得可以借鑒的經驗。著有《印度哲學概
論》、《中國文化要義》、《鄉村建設理論》、《人心與人生》等。本段文

字資料參見李淵庭、閻秉華編著：《梁漱溟先生年譜》，桂林：廣西師範大學出版社，2003。

⑦ 李濟深（1885－1959），字任潮，原籍江蘇，生於廣西梧州。著名民主愛國人士。民國時期，李濟深曾兼任黃埔軍校副校長及廣東省政府主席等職。南京國民政府成立後，李任國民政府委員，軍事委員會總參謀長等職。後與國民黨決裂，1948年在香港成立中國國民黨革命委員會，推舉宋慶齡為榮譽主席，李濟深任中央委員會主席。1949年後，曾任中華人民共和國中央人民政府副主席、全國政協副主席、全國人大常委會副委員長等職。本段文字資料主要參見李盛平主編：《中國近現代人名大辭典》，頁 270。

⑧ 張東蓀（1886－1973），字聖心，浙江杭州人。現代政論家、政治活動家、報人。中國國家社會黨、中國民主社會黨領袖之一，曾任中國民盟中央常委、秘書長。1951年因捲入「美國特務案」被撤消了民盟內外一切職務，並於1953年被開除出民盟。1973年6月2日病逝於北京秦城監獄。著有《哲學》、《道德哲學》、《認識論》、《新哲學論叢》等。本段文字資料主要參見李盛平主編：《中國近現代人名大辭典》，頁 354。

⑨ 吳昱恒（1883－1963），曾任第一屆全國人民代表大會代表，中央人民政府法制委員會委員、最高人民法院委員。民國時期，曾為保護北京魯迅故居免遭國民黨政權毀壞作出重要貢獻。

⑩ 吳晗（1909－1969），原名吳春晗，字辰伯，浙江義烏人。著名歷史學家、社會活動家、現代明史研究的開拓者和奠基者之一。曾任雲南大學、西南聯合大學、清華大學等校教授，歷任北京市副市長，中國科學院歷史研究所學術委員，北京市政協副主席等職務；在文革期間因其所著新編歷史劇《海瑞罷官》而被殘酷批鬥，最後自殺於獄中。著有《朱元璋傳》、《論海瑞》、《海瑞罷官》，與鄧拓、廖沫沙合寫《三家村札記》，並主持標點《資治通鑒》、《續資治通鑒》等。本段文字資料主要參見李盛平主編：《中國近現代人名大辭典》，頁 287。

⑪ 查夷平（1895－1976），現代著名琴家，江西修水人，號阜西，以字行。畢業於煙台海軍學校、廣東航空學校。曾任中國音樂家協會副

主席、中央音樂學院民族器樂系系主任、北京古琴研究會會長等職。1953 年在北京發起組織「北京古琴研究會」，為古琴藝術的發展和普及功不可沒。他演奏的琴曲深沉、細膩，演唱的琴歌古樸、典雅。曾編纂《存見古琴曲譜輯覽》、《古琴初階》等。本段文字資料主要參見李盛平主編：《中國近現代人名大辭典》，頁 511。又見凌瑞蘭編著的《現代琴人傳》（上海音樂出版社，2009）標注查阜西生卒年為「1895－1967」。

⑫ 指唐代大詩人王維所作《竹里館》詩：「獨坐幽篁裏，彈琴復長嘯。深林人不知，明月來相照。」

⑬ 鹽業銀行成立於 1915 年 3 月 26 日，總管理處設於北京。由張伯駒的父親張鎮芳在袁世凱的授意下創辦。原由鹽務署撥給官款，實行官商合辦，經收全部鹽稅收入；並代理國庫金的一部分業務。1916 年袁世凱病死，鹽務署再不撥官款，改為商辦。1917 年張鎮芳因參與張勳復辟而被捕，總經理改由時任天津造幣廠廠長的吳鼎昌擔任。鹽業銀行與金城銀行、中南銀行和大陸銀行是民國時期享譽全國的中資銀行，金融輻射功能遍及長江以北，合稱「北四行」。鹽業銀行總行於 1928 年遷至天津，1934 年又遷至上海。1949 年後，鹽業銀行先於 1951 年 9 月參加「北五行」聯營聯管，又於 1952 年 11 月加入私營金融業的全行業公私合營而完成其歷史使命。本段文字資料參考黑廣菊、曹健主編：《鹽業銀行檔案史料選編》，天津：天津人民出版社，2012。

⑭ 王壽彭（1889－？），別字紹賢，河北省寧河縣蘆台人。1925 年進鹽業銀行，曾任鹽業銀行北京行副經理，1933 年調任上海鹽業銀行任經理，仍兼北平行副理。1946 年第 20 次股東會議改選董、監事會，推舉王紹賢為總經理，直至新中國成立，卒年不詳。本段文字根據筆者所藏張伯駒撰〈鹽業銀行與北洋政府和國民黨政權〉一文整理。

⑮ 1941 年春，張伯駒為上海鹽業銀行事至滬，住法租界亞爾培路培福里，遭汪偽「76 號」特務綁架，被拘八個月。經多方營救，最後由好友、上海市民銀行總經理孫曜東借出中儲券 20 萬元，鹽業銀行蕭彥和拿出中儲券 10 萬元，河南同鄉商人牛敬亭資助中儲券 10 萬元，才把張伯駒贖出。就在被綁架的八個月中，張伯駒向妻子潘素表示：「我所

存的字畫是不能動的。」本段文字資料參考筆者所藏張伯駒先生的手稿〈鹽業銀行與北洋政府和國民黨政權〉。

⑯ 戴進（1388—1462），字文進，號靜庵，浙江杭州人。早年曾為金銀首飾工匠，後攻書畫，畫名大震，明宣德間以畫師身份供奉內廷，後因遭同行讒言被放歸，遂以繪畫遊走江湖間。擅山水、師法馬遠、夏圭。除山水外兼善花鳥、人物的創作。為畫壇「浙派」的開創者。本段文字資料參見梁白泉主編：《國寶大觀》，頁 525。

⑰ 硯台原為明代才女、名妓薛素素所用之硯，張伯駒先生在〈脂硯齋所藏薛素素脂硯〉一文中詳細敘述了該硯規制：「珊瑚紅漆盒，製作精緻。清乾隆尺寬一寸九分，高二寸二分。盒底小楷書款：萬曆癸酉，姑蘇吳萬有造。盒上蓋內刻細暗花紋，薛素素像憑闌立帷前，筆極纖雅。右上篆紅顏素心四字，左下杜陵內史小方印，為仇十洲之女仇珠所畫者。硯質甚細，微有胭脂暈及魚腦文，寬一寸五分許高一寸九分許。硯周邊鑴柳枝舊脂猶存。背刻王稚登行草書五絕云：調研浮清影，咀毫玉露滋，芳心在一點，餘潤拂蘭芝。後題：素卿脂硯王稚登題。按，萬曆癸酉，百谷年三十九歲。硯下邊刻隸書小字，『脂硯齋所珍之研其永保』十字。依此始知脂硯齋命名之所由。」此硯原為端方舊藏，後被攜帶入川，端方因保路運動暴死四川。後來這方硯台在重慶一地攤上被人以微值所購。白堅甫攜此硯進京，被叢碧先生為吉林省博物館以重值收藏。不幸的是，1966 年文革開始前，此硯在借展途中居然神秘失蹤，至今下落不明。

⑱ 金樹然，時任吉林省文化局機關黨組副書記。

⑲ 王慶淮（1909－1982），吉林省扶余人，畫家，擅山水，兼及花鳥、人物的創作。1927 年畢業於奉天美術學校，1930 年畢業於北平京華美術專科學校國畫系，1958 年到吉林藝術專科學校任教，曾任國畫教研室主任、美術系副主任。1979 年重回吉林藝術學院美術系，為教授。曾任中國美術家協會理事，中國美術家協會吉林分會主席，中國書法家協會吉林分會副主席。本段文字資料參見金通達主編：《中國當代國畫家詞典》，杭州：浙江人民出版社，1992，頁 205。

⑳ 裘文弨（1890－1976），字伯弓，江西新建人，著名版本學家，書畫

鑒賞家。是清乾隆名臣裘曰修嫡傳。畢業於青島大學，民國時曾供職交通部，抗戰期間在重慶教書。1949 年後回到北京，供職於建築材料工業部。1956 年應好友單慶麟盛邀共赴長春教書，因裘伯弓家藏先祖裘曰修一副對聯：「玉圃瑤林滋湛露，紫芝朱草映長春」，認為「映長春」三字是先祖的安排，於是滿懷詩意應聘為長春東北人民大學歷史系教授，東北人民大學後改名為吉林大學，裘伯弓就在吉大圖書館特藏室做古籍鑒定工作。文革期間因《春遊瑣談》一書受盡折磨，後被下放到吉林農村，老伴病死鄉野，1974 年孤身回到北京。

㉑ 孫天牧（1911－2010），山東萊陽人，書法家孫墨佛長子，北派山水畫家，1938 年起師從陳少梅學習繪畫藝術，並確立北宗山水的繪畫風格。1949 年後先後應聘為瀋陽故宮博物館、北京榮寶齋、北京故宮博物院臨摹唐、宋、元、明歷代繪畫作品。1960 年到吉林省藝術學院國畫系任教，1975 年退休。曾任中央文史研究館館員，濟南孫墨佛孫天牧父子書畫館名譽館長。出版有《孫天牧畫集》、《孫天牧中國畫作品選》、《中國近現代名家畫集・孫天牧》。

㉒ 錦遇春：京劇老生演員，為民國京劇名角葉德鳳（1868－1945）弟子。

㉓ 實為六輯，第七集書稿已完備，因文革突發而擱置未刊。

㉔ 指時任毛澤東秘書的田家英（1922－1966）。

# 〔散記〕

人民民主專政

一、只有一條路線

二、必須工人領導

主權問題，結合學習兩條路線鬥爭社論

必須工人領導一切社論

軍、工、宣和專政小組、革命群眾把我放到群眾中監督改造，使我既感激又慚愧，按我的罪行大，雖然來到學習班受軍、工、宣和專政小組革命群眾的教育，對自己的罪行有所認識，但對反面的學習改造不能說滿意，這是軍、工、宣和專政小組、革命群眾執行黨的政策，把我往前拉，這使我對黨的政策更為堅信，我在群眾監督改造中，必須認我是有罪的人，更要嚴格要求自己，向毛主席和革命群眾低頭認罪，不能忘記毛主席相信群眾、相信黨的教導，努力加強學習改造，遵守專政小組一切規則，趕快的在軍、工、宣和專政小組和革命群眾的幫助、教育下，回到毛主席路線上來，重新作人。

〔散記〕

階級性　　人性
堅定性　　搖擺性　反覆性　兩面派
鬥爭性　　自私性

# 〔雜記〕

宋振庭想拿走□平復複製品，王<sup>①</sup>勸未拿去

藏畫初選 多部室重看，佚失〔藝術品〕展覽

六三春節，王去北京

同去故宮

到我家

書畫皆售館

脂硯

六二、省文聯、讀

六二、十月去吉林市

六二、叫我帶蘇興鈞〔做〕徒弟

六二、叫我與于省吾説教王健群

六二、年底長春飯店請吃飯

送錢

六一、十月看古代山水花鳥展，唐、博聞、項子京花卉

十一月，去瀋陽參觀遼〔省博物〕館古代法書展，參觀唐宋元畫，參觀瀋陽故宮。王説遼館張性情不好打交道。

與瀋〔陽〕故宮接近，商量館辦歷代書法展

十二月叫我〔去〕北京收購書畫，經費三萬元，要在一

個月內用完，與鄭國隨時商量，在北京曾接王信一封。

六二年春節後接王信一封。

六二二月回長春，〔吉林省博物館〕付（我）研究員薪金，書法展籌。

書家小史

去輯安，李運鐸陪去，王去車站接，同我去拜〔會〕縣口長，去〔參〕觀墓畫。〔看〕好大王碑去山城，回縣送。文物局審〔定〕書畫小組到長〔春〕，我陪〔同〕審查，王趕回相見，叫我陪去輯安，縣〔長〕到站接，參觀墓畫、碑、通講。回縣送通化賓館，車接送。王與張談金文姬②畫，可以印藏畫集，佚失書畫當有三四百件，佚失〔書畫〕展會。

六三春節後去北京，學術年會，要我主持例會，春遊〔瑣談〕稿印〔刷〕，去段一〔平〕，夢華集序。

大婚

養貓

於西方美人

百花卷集③給館，

給歷史博〔物館〕寫信。

六三元旦，王陪我去劉④家，

六三春節，王去京，同去故宮，談保管。

脂硯齋

書畫售給館

請吃飯口個，叫我去看高葉。

六三　王曾告我不要到宋⑤家去，有事與文化局〔接〕洽，我辭付〔館長〕，王到家説收〔藏〕書畫經〔過檢〕查⑥，要積極起來。

拜年

六四　4、文化部批評各館去京收書畫

1、叫我主持評功擺好會

3、叫我準備三五反

2、書畫分級

5、僞皇室⑦辦公

7、請假去北京以前遷博物館

6、學習毛選，我説經濟解決，文化還未解決。

六五　我請假去北京，王叫我口向文化局談

三月得高血壓暈倒，請假去北京醫治，六月回長〔春〕，重〔新〕鑒定書畫分級，爲備戰趕作。

申請退職，王説態度是好的。

到我家，請假去京。


六六　看大字報

他歡迎群眾寫大〔字〕報

六七　我説希望毛主席身邊多一個好黨〔員〕

革命八個組織合併。

趙伯驌　顏輝　曾鯨〔畫〕《侯朝宗〔像〕》

薛素素墨蘭　顧眉墨〔畫〕

楊廷和字　來復草書⑧

## 註 釋

① 即王承禮，下文單指「王」處皆同。

② 金文姬，據《三國遺事》載，她是新羅大臣金舒玄的幼女，新羅武烈王金春秋的正室，文武王金法敏的生母。小名「阿之」，亦被稱作「文明夫人」、「訓帝夫人」。她生下法敏、仁問、文王、老旦、智鏡、愷元六位王子（《三國史記》則將文王、智鏡、愷元記為庶子）。《三國史記》與《三國遺事》都有記載文姬向姐姐寶姬買夢的故事。

③ 即北宋楊婕妤的《百花圖》卷。

④ 指劉西林。

⑤ 指朩振挺。

⑥ 指 1961 年 10 月，張伯駒先生進京收購書畫一事。

⑦ 即長春市光復北路 3 號原偽滿洲國溥儀帝宮舊址，吉林省博物館曾於1954 年至 2003 年在此地辦公。

⑧ 1963 年，張伯駒先生將自己收藏的最後一批珍貴書畫讓與吉林省博物館，這批珍品包括：宋楊妹子《百花圖》卷、宋趙伯驌《仙橋白雲圖》卷、元顏輝《煮茶圖》卷、明薛素素《墨蘭圖》軸、明曾鯨《侯朝宗像》軸、明來復草書軸以及明楊廷和書冊等七件作品。

# 〔交代單慶麟〕

單慶麟以考古專家、鑒賞書畫專家自命，其實是半瓶子醋，往往是抄襲別人的文字改換一下，希望能登在考古刊物上。于省吾曾說他考古方面的造詣還不如研究生，收藏書畫是有貿易性質的。他說：長春收藏書畫的人家宋振庭沒有不去過的。也就是他都去過。

六二年約九月，黑龍江博物館有人來我館，這時我從北京寶古齋帶來一些書畫，審查選收，我館不收的書畫，黑龍江館擬選收幾件。這時單慶麟知道此事，他送來他的王石谷山水卷，想賣給黑龍江館，但我不能同黑龍江館說這卷畫或真或假，只有擺在寶古齋的畫〔裏〕一起由黑龍〔江〕館自選，結果黑龍江館也沒有要。

又，我有一卷文徵明雙鈎蘭花卷，是寶古齋當偽品賣給我的，價三百幾十元，其實是真跡。天津博物館韓盛〔慎〕先[①] 到我家曾見到，要買，給價一千二百元，我未賣，帶來長春。單慶麟看見，託于省吾以一千元買去此卷。事隔至六五年，又託于省吾來說，要換我的王穀（祥）[②] 花鳥卷，這一卷雖沒有文徵明的名氣大，但外表是故宮佚失品，上有乾隆五璽[③] 和題詩，賣價則伸縮性很大，我對于省吾說：王

卷存在博物館，如館不要，才能換給他。

　　六二年春節前，我去北京診病，寫信給單慶麟説：文徵明蘭花卷，我鑒定是真跡，你自認為在長春鑒定書畫是一把手，也認為是真跡，不必多疑！王卷存在博物館，不宜取出相換，如要退畫退錢，可以考慮商量。

　　此事始行結束。

註　釋

①　應為韓慎先。韓慎先（1897－1962），祖籍安徽，生於北京。字德壽，號夏山樓主，著名書畫鑒定家、京劇名票。1950 年後，韓慎先經梅蘭芳推薦，被聘為天津文化局和天津歷史博物館顧問，同時還負責海關出口文物的鑒定。後又主持籌建天津藝術博物館並任副館長。

②　王穀祥（1501－1568），字祿之，號酉室，長洲（今江蘇蘇州）人。嘉靖八年（1529）進士，官吏部員外郎。善寫生，渲染有法度，意致獨到，即一枝一葉，亦有生色。為士林所重。中年絕不肯落筆，凡人間所傳者，皆贋本也。書仿晉人，不墜羲之、獻之之風，篆籀八體及摹印，並臻妙品。卒年六十八。本段文字資料參見俞劍華編：《中國美術家人名辭典》，頁 129。

③　乾隆五璽，是指清朝乾隆皇帝的書畫收藏鑒賞印章，這五璽的印文分別為「乾隆御覽之寶」、「三希堂精鑒璽」、「石渠寶笈」、「乾隆御賞」、「宜子孫」。凡鈐蓋這五璽的書畫，皆是經過乾隆朝的多位名家鑒定，這些作品也是清內府藏品中的上上品，後人亦十分看重。

# 〔進牛棚三個月來的自我檢討〕

現在來到學習班已經三個月了，要以六個月來説，後三個月更要注重、更要深刻認識檢查自己的問題。軍、工、宣和革命群眾是對這些人宣傳黨的政策，要這些人認識自己罪行，交待自己的罪行，使對抗性矛盾轉化為非對抗性矛盾，把這些人領到光明大路上，但是還要你自己走。以時間論，六個月是遠遠不夠的，反省改造是長期的，一直到死。過去我思想裏以為我年老，在學習改造要求上可以不象〔像〕青年那樣嚴格。這種思想是很壞、很大〔地〕對學習改造的障礙，必須肅清這種思想。或者有坐吃等死的想法，更是反動的思想。資產階級知識份子有搖擺性、反覆性，是壞的本質。工農兵的立場堅定不移，資產階級知識份子受工農兵的教育〔是〕主要的，學習工農兵立場問題。

# 〔武占麟與馬騰驤〕①

　　武占麟曾經逃跑，又與值班人員吵架，我曾寫材料，說受到他的反面教育，但是武占〔麟〕勇於認識罪行，勇於悔改罪行。運、工、宣對於本單位揭開鬥爭蓋子做的，也為運、工、宣和革命群眾就把他下放到群眾中去‧馬騰驤隱藏二十年藍衣社特務身份敢於交待出來，他們都是受到軍、工、宣和革、運、工、革命群眾就把他下放到群眾中去。

　　〔群〕眾教育有這樣立竿見〔影〕行動，軍、工、宣就把他們下放到群眾中去，使人認識到軍、工、宣和革命群眾是執行黨的政策，更是立竿見影。這是我十二月十一日晚在小組會上討論出版社〔和〕報告馬騰驤事〔時〕寫的原話。

---

## 註　釋

① 馬騰驤，生卒年不詳，為吉林省畫家，曾見吉林人民出版社於 1960
　 年尹一之所著《飛龍杖》長篇敘事詩，其中二十八幅插圖均為馬騰驤
　 與吉林藝術學院教授朱松年聯合創作。

# 最近在學習班的收穫

一、階級性，毛主席教導：「在階級社會中每一個人都在一定的階級地位中生活，各種思想無不打上階級的烙印。」資產階級知識份子則是抹殺階級性而〔只〕講唯心論的人性。十五日，因為○○○拿板子受到值班人員批評，他不服，及以前與王大維①吵架，認為他是廣東人，性情倔強，這種看法是錯誤的，牽〔連〕到人性論上，其實○○○是在偽組織國民黨曾當憲兵，□時政治影響的性格階級烙印還未肅清，但是這種階級烙印在無產階級社會主義的一定時期內是不能存在的，必然要消滅或轉變，即在學習班這種原來的階級性暴露出來，就要受到批判。如能消滅或轉變就說明不是人性。

二、堅定性。無產階級本有的「堅定性」，所以工農兵富於革命徹底，資產階級知識份〔子〕則有搖擺性與反覆性，這種〔搖〕擺性〔和〕反覆性就發展成兩面派。資產階級知識份子在認識問題上不是太慢，在他的罪行上也不是不認識，就是在改上不徹底，站過來的立場就不堅定，以致文過飾非，說的一套，作的又是一套，這是資產階級知識份子壞的本質。我在學習班幾個月體會到軍、工、宣掌握有毛澤

東思想的顯微鏡透視鏡，什麼微小的、隱蔽的都能看見，對某一事某一人清清楚楚。要是資產階級知識份子認為〔解〕放軍和工人簡單，在他們面前耍兩面派手段，那是妄想，還是老老實實接受改造。多少天來，我看段一平②的言行就是兩面派，使我受到教育。

三、鬥爭性。毛主席教導：「階級鬥爭，一些階級勝利了，一些階級消滅了」。工作就是鬥爭，無產階級堅持真理與非真理鬥爭、正確的與錯誤的鬥爭。資產階級知識份子則有軟弱性，不敢鬥爭，怕字當頭，先考慮到自己，不敢批評人，就是怕人批評我，這是從自私出發。我就有軟弱性，如昨晚揭段一平的蓋子，我就不敢先揭，工友王明治直接的先揭了，這時我認為王〔明〕治明就比我好，我才揭段一平的蓋子，以上我認識到人性搖擺性、反覆性、軟弱性是資產階級本質的壞東西，我都有，是我改造的重點。

敢於鬥爭不敢與〔於〕鬥爭是敢於革命不敢於革命的問題，也是立場問題，有罪我交代，批評我接受，不應當怕。昨晚我在軍、工、宣和專政小組教育下得到很大的收穫。

### 註　釋

① 王大維，生卒年不詳，已故，吉林扶余人，畫家，泥塑家，早年曾到日本讀書。生前曾在吉林市博物館工作，任陳列設計師。文革後在吉林省建築工程學院任教。

② 段一平（1930— ），北京人。1954 年考入北大歷史系，1962 年入吉林省博物館工作，1979 年調至吉林大學歷史系考古專業任教直至退休。主要講授《東北考古》、《博物館學概論》等課程。

# 〔交代〕

五七年春，我接受與北京美術出版社預定出版《中國書法欣賞》一書，內容自〔有〕毛筆開始，有篆書、未刻的甲骨、殷商陶器墨書、周帛書、漢木簡、三國晉以至清真跡圖片、歷代書法發展沿革的說明等。北京美術出版社預付稿費二百元，至五八年編寫完竣交出版社。

六六年三月，在北京與宋振庭見面談話。宋振庭說：你不是搞政治的，你是才子名士之流。

我心裏很得意，認為宋振庭真是我的知己。其實才子名士是〔與〕封建階級朱熹理學稍有不同的浪漫派而已，在兩條路線的鬥爭中，封建階級是屬於那〔哪〕個路線的？當然是屬於「叛徒、內奸、工賊」劉少奇路線上的。

前天我聽了閻玉山①的檢查，我認為很誠懇，要叫我提意見，我就提不出來，後來聽到革命群眾提意見都提到綱上，提到兩條路線鬥爭上，對於毛主席革命路線為何忠！對劉少奇反革命路線為何恨！要不忘階級苦，牢記血海仇上，認識到革命群眾是用毛澤東思想武裝自己了，政治覺悟大大的提高了。元旦社論，以毛澤東思想統一掛帥，才子名士能有毛澤東思想嗎？才子名士能做到五個統一嗎？多少年

來，我背着才子名士的包袱，現在認識到才子名士是可恥的東西。

癸巳　壬辰

六一年十月二十日前，我來到長春，住在省人委招待所。高業②曾到招待所看我，我不在招待所，沒有見到我。第一次見到高業約十月底，宋振庭同我在戲校演〔京〕劇。這一天在午飯後兩點的時間，有宋振庭、王口如。宋振庭介紹，王沒有談什麼話。王口如在比劃戰宛城的身段，高業也在那裏比劃丑角身段，後來高業先走，說晚上來捧場。第二次見面在六二年五月中旬，宋振庭同高業早晨一同到南湖宿舍，邀去鏡月潭遊覽。

這時東北文史研究所已成立，要調我去教課，宋振庭對着高業說：佟冬要調他去教課，我沒有答應，兼課可以。

高業就對我說：不要去東北文史研究所，吉林省有的是事做。

我沒有說話，汽車是個旅行車，高業的愛人坐來的口，出門上車同去的還有王慶淮、潘素，在車上和在鏡月潭沒有同高業談有關什麼問題話。

從鏡月潭回到南湖宿舍，宋振庭、高業都沒有下車，我聽高盛連說宋振庭要我任副館長。兩三天內我去館〔裏〕，宋振庭正同鄭國談我任副館長事（我與鄭國同室辦公），等宋振庭出來後我才進屋。兩天後高業來館，（記得是在王承禮辦公室內）高業同我說他正式來徵求我任副館長的意見，我說我聽分配。高業說那就交局裏發表了，並說名次在王承

禮之前，沒有說抓那〔哪〕些工作的話。

六三年元旦前一日除夕，在藝專聚餐，宋振庭、高葉都去了，人很多，沒有談什麼話。

六三年約三月，我紀念余叔岩逝世二十周年，整理其所寫的京劇音韻，是否我寫信給高業、劉西林，記憶不清。我在省政校學習，十一月結業。後王承禮叫我去文化局看高業，蘇興鈞同我去的，高業不在文化局，又去其家，也未在。後來我自己又去一次，見到了。高業說他多在外邊跑，很少相見，我說我也不大出門，常見面的總是于省吾等這幾個人，來到長春沒有交新朋友。高業說交新朋友是可以，不過須注意。我又問他我寫的京劇音韻看到沒有，高業說看到了，他說他有很多唱〔片〕，比較起來，還是曲藝發音最清楚。這一天就是談的這些話。

六四年元旦，我曾到高業〔家〕，因為藝專崔松亭到我家，我去回拜崔松亭，順便給高業，記得高業〔正在〕睡覺，是他愛人把他叫起來的，說高業不太舒服，見面沒多說話，□□□轉達崔松亭說我來拜年，我就走了，以後沒有見到面。

## 春談③寄否

我六一年十月中旬來到長春，劉西林曾到招待所看我（是否王承禮陪同去的，記憶不清），劉西林對我說潘素在藝專教課，你在博物館工作。在戲校同宋振庭演〔京〕劇，在會客廳內沒有見到劉西林，晚間劉西林是否去看，也不

記得。

第二次見面時在春城劇院看排演王莽劇本，見了只打招呼，沒有坐在一起。劉西林曾對我說：不知道你是有名的人物。

我問他：怎麼回事？

他說他看見全國政協文史資料裏面說我：你是袁世凱的外甥。

我說是遠門親戚（全國政協文史資料這一段是惲寶惠④寫的，因一九四八〔年〕我租居頤和園，袁世凱的長子袁克定也住在頤和園。北平和平解放後，我遷出，袁克定也遷出，還沒有地方住，這時我住在燕京大學西一個舊園子⑤裏，把袁克定接到舊園子住。惲寶惠寫這一事，我母親姓智不姓袁，我遠房姑母是袁世凱遠房哥哥的老婆，惲寶惠不知，誤寫我為袁世凱的外甥）。

## 註 釋

① 閻玉山：生卒年不詳，曾任吉林省博物館副館長，吉林省博物館學會副理事長。

② 即高葉，以下所寫「高業」皆是指「高葉」。

③ 即《春遊瑣談》。

④ 惲寶惠（1885－1979），常州武進人，清朝國史館總纂惲毓鼎長子，清末授陸軍部主事、秘書科長、陸軍大臣行營秘書長、司長、禁衛軍秘書處長。北洋政府時任國務院秘書長、蒙藏院副總裁。偽滿洲政府時曾任內務府部長，後任職於北京故宮博物院。1948 年回鄉總纂《毗陵惲氏家乘》32 卷，解放後任全國政協委員、中央文史館館員。

⑤ 即「承澤園」，該園為清代皇家小園林之一，始建於雍正三年（1725年），初賜予果親王允禮，道光年間賜壽恩公主。光緒中葉又賜慶親王奕劻。奕劻去世以後，承澤園為張伯駒 1946 年購得。因同年伯駒先生購藏隋人展子虔的《遊春圖》，入住承澤園後，便將院子更名為「展春園」。1953 年，張伯駒把承澤園賣給北京大學。

# 〔檢查我的罪行・李超雄〕①

來檢查我的罪行，李超雄接着説：兩條路線是黨內的事。

我説：黨外人一樣可以結合兩條路線是站在哪條路線啦。

李超雄説：你沒有罪嗎？

我説：就在軍閥時代來説也是反人民的。

李超雄説：你是不是官僚主義？

又説：官僚資本？

我説：官僚資本與民族資產階級有所不同，受過買辦階級壓迫的。

李超雄説：什麼壓迫，是大狗咬小狗。

我説：實質上是大狗咬小狗，但毛主席不是這樣説，毛主席説是民族資產階級有反動性一面，還有革命性的一面，反動性是本有的，革命性是受帝國主義壓迫、限制而產生。

李超雄接着説我態度不好，不應當不接受別人的〔意見〕。

我即承認態度不好，不再説話。

十二月十三日上午十點三十七分，我去大便，李超雄偷看我這個本內容，專政小組、革命群眾可以隨時檢視我的本子，但李超雄不應該偷看。

　　十二月十八　星期，張鳴岐在「段」<sup>②</sup>鋪前□□批判劉少奇訪問印尼，「段」在後座，吃麻花、喝水。七時十三分。

**註　釋**

———————

① 李超雄（1928－　），廣州人，1954年畢業於中央美術學院後分配到吉林省工作，先作美編，後調到吉林省博物館從事藝術設計工作。曾參加高句麗王墓古壁畫的考古和古畫臨摹工作。1983年調回深圳，致力於繪畫及建築藝術室裝飾工作，現為中國美術家協會會員、廣東省美術家協會會員、深圳美術家協會會員，上海大學美術學院客座教授。

② 即段一平。

# 毛主席最新指示
## 十二月二十一日

　　知識青年到農村去接受貧下中農的再教育很有必要，要說服城裏幹部和其他人，把自己初中、高中、大學畢業的子女送到鄉下去，來一個動員，各地農村的同志應當歡迎他們去。

　　1、備戰：廣大知識青年皆成為戰鬥人員，帝、修、反膽敢侵略，使其陷入大海，乾淨消滅之。

　　2、備荒：增加農業生產和工業原料，發展林業、水利、畜牧、防旱防澇各種業務。

　　3、肅清「叛徒、內奸、工賊」劉少奇之讀書做官毒素。

　　4、與貧下中農相結合，受教育，作反修、防修百年大計。

　　5、縮小城鄉差別，減少城市消耗而不生產的人口。

　　6、在文化大革命中，就是改革不合格的規章制度，就是改革對建設社會主義不合理的教育制度。

# 〔散記〕

　　兒子張柳溪<sup>①</sup> 現四十歲，全國勝利後就在石家莊工業局工作，其愛人為醫療工作，石家莊革委會對幹部下放當有。

**註 釋**

---

① 張柳溪，1927 年生於天津，生母為張伯駒偏室王韻緗。

## 〔散記〕

國家大事不是哪一人、哪一家
進一步解決腦力勞動與體力勞動矛盾
解決城市人口與農村人口
農村生產力還缺
防修、江山不變顏色、根本大事
世界革命進行到底、根本大事
培養後繼無產階級接班人
進行落實是目前大好形勢
接班是接毛澤東思想的班，不僅是幹部為接班人

## 〔散記〕

假期不考慮

1 · 回去如何

2 · 不回去如何

3 · 回去能否接受居民小組管理

4 · 節日必須寫一份材料

5 · 進行彙報，回去要彙報，不回去也要彙報

# 〔散記〕

11 28 早，王大維、李富一<sup>①</sup>

## 註 釋

① 李富一（1941－　），朝鮮族，吉林龍井人。擅長油畫。1961 年畢業
於吉林省延邊藝術學校美術專業，1965 年畢業於中央民族學院藝術系
油畫專業。歷任吉林省琿春縣文化館美術幹部，吉林省延邊大學藝術
系教師。為中國美術家協會會員、延邊美協副主席等職。本段文字資
料主要參見中國美術館編：《中國美術年鑒》，頁 756。

134

135

# 〔散記〕

1 · 組長段一平

　　隋西良

　　趙元龍

　　劉宗代

　　張鳴岐

· 9.21 來學習班

· 11.21 星期四　兩個月

· 11.23　10.4

· 9.24　診病

· 10.24　診病

· 11.24　高壓 170　低 90

· 博物館　市圖書館

· 電影公司　物資公司

· 基建隊　文化服務社

· 192.10.4〔不知作者要表達什麼意思，編者注〕

# 〔散記〕

· 高步雲 [1]
· 甘柏林
· 尹克賢 [2]
· 袁敏軒 [3]

**註　釋**

---

[1] 高步雲（1895－1984），江蘇太倉人。崑曲音樂家，1950 年起，任中央音樂學院和中央民族音樂研究所副研究員，曾精心整理多部崑曲著作，1958 年病退回鄉。曾為中國音樂家協會會員。

[2] 尹克賢，生卒年不詳，北京崑曲研習社成員，知名曲家，與俞平伯、張允和相熟。

[3] 袁敏軒，女，生卒年不詳，北京知名曲家，上世紀六十年代初曾與俞平伯夫人許寶馴女士在中國唱片社錄有崑曲唱段。

## 〔散記〕

· 夾剪、鑷子、小鏡子、手絹
· 稿〔按：紙〕二三十張
· 信封四五個
· 紙包塊糖兩包
· 煙捲六盒，帶錫紙的，三種，一種兩盒
· 餅乾三包

# 〔散記〕

· 痰盂一個，洋瓷的
· 煙捲五盒，三種帶錫紙的
· 稿紙二三十張
· 小紙包糖一包
· 信封四五個
· 手絹
· 餅乾兩包，紅旗街有，現到紅旗街去買

# 〔牛棚工作組提問〕

1、你什麼時候來吉林的？來吉林幹什麼？

2、到吉林都經過誰手？工作是誰安排的？為什麼來吉林？

3、你怎麼認識于毅夫的？都交談什麼？

〔以上筆跡不是張伯駒所寫，編者注〕

〔散記〕

甲午 五一
乙未 五一
丙申 五二 五四
丁酉 五三 五五
戊戌 五四 五六
己亥 五五 五七
庚子 五六 五八
辛丑 五七 五九 庚寅 五一
壬寅 五八 六一 辛卯
癸卯 五九 六二
甲辰 六四 六三
乙巳 六一
丙午 六六 六六
丁未 六七

# 史樹青<sup>①</sup>

## 註　釋

① 史樹青（1922－2007），河北樂亭人。當代著名學者，史學家、文物
　鑒定家。1945 年畢業於北平輔仁大學中文系、同校文科研究所史學組
　研究生。工書法，精鑒賞，尤以文博考古鑒定馳譽中外。

　　不知何故，身陷牛棚的張伯駒忽然在檢查本上寫下史樹青的名字，他
　是在回憶舊友，還是在追念過去生活中的某件事？我們不得而知，不
　過據筆者了解，史樹青先生與張伯駒先生早在民國期間就已經相識，
　史先生生前曾多次給筆者談起張伯老，且他一直把張伯駒先生當做恩
　師相看。筆者在《文博大家史樹青》一書中曾詳細敘述了兩人之間的
　交往，今錄出文字，以見證二人之間的友誼：

　　　　張伯駒是文物收藏界的巨擘，曾因出鉅資購買西晉陸機的《平
　　復帖》等珍貴文物並向國家無償捐贈而聲名遠播，他喜好詩詞，癡
　　迷京劇，為梨園名票；精書能文，時與溥侗、袁克文、張學良同稱
　　為民國四公子。說起史樹青先生與張伯老的相交還是緣於詩詞。大
　　約在 20 世紀 40 年代末的一個春天，北平故宮的太平花盛放，當
　　時國立故宮博物院院長馬衡邀請北平詩詞界人士來故宮賞花填詞，
　　就是在這個雅集上年輕的史樹青和張伯駒相遇了。張伯駒曾填《滿
　　庭芳·太平花》一首：

寶繪堂空，金爐煙冷，簾帷暗藉塵沙。不知亡國，猶放太平花。烽火年年五月，傳風鶴、時動哀笳。平生自，干戈見慣，飄泊在天涯。

嬪妃都散盡，昭陽影帶，只剩宮鴉。望青城蜀道，水遠山斜。內苑分來異種，如今是、開遍家家。看兵氣，光銷日月，長與鬥繁華

這首詞借花詠人，由故宮盛開的太平花聯想到王朝的更迭和歲月無情的流逝，以及對故國被日寇侵略的憤慨，都通過《太平花》一詞釋放出來。1981年3月7日，史樹青先生重遊故宮，又想起與張伯駒先生當年同賞太平花之事，遂填《望海潮·紫禁城寫感》一闋：

幽燕名勝，都門佳處，周圍百萬人家。煙柳幾重，宮牆十里，忽忽歷盡粉華。餘事莫虛誇。有南州翠羽，西域金瓜。萬戶千門，白頭宮女說乾嘉。

百年憂思頻加。剩迷巢舊燕，寒樹昏鴉。簾鎖養心，房開御膳，光宣是事堪嗟。迢遞赤城霞。正俊遊時節，儔侶停車。須待春深，御園開遍太平花。

詞成時伯駒先生還在世，今天已無從知曉史樹青先生是否抄送張伯老賜正。很快年輕的史樹青就被張伯駒敏捷的才思和清雅高潔的詞格所折服，更傾慕張先生宏富的書畫收藏和高深的文物鑒賞能力，史樹青曾由衷地讚美張伯駒先生：

「伯駒先生是位大藏家，更是大詞人，堪稱詞壇奇才。不論春日的梅開、鳥啼，夏天蟬鳴、蟲叫，秋初白露、紅葉，冬季霜凍、雪飄，觸景生情，即興吟唱，即合韻律，又十分切題，令人驚訝叫絕。不論是世間的喜怒哀樂，還是冷暖人生更是情感所致，張口即出，揮毫即來。」

相同的愛好使史樹青與張伯駒成了忘年交，自然張伯駒也偶到東堂子走動，兩人或同詠詩詞或同鑒古物，結下了深厚的友誼，張伯駒曾以「樹青」二字作嵌名聯，並書贈史先生。聯曰：「樹木新栽休斧伐，青山常在有柴燒。」這幅聯對仗工整，立意高遠，「樹

青」二字巧妙地被嵌在句首，此聯時至今日仍被廣為傳誦，並成為對聯愛好者摹習的佳作。巧合的是筆者也藏有一幅史樹青先生自己書寫的這副對聯，這幅書法寫於 2005 年，也就是史樹青先生去世的前兩年，落款為：乙酉冬日，伯駒先生贈句，八十五老者史樹青。晚年的史先生曾多次談起張伯駒先生，並對張伯駒以師長相稱，說在學術上遇到問題他亦經常向張伯駒請益問學。比如史樹青藏有郭則沄的一卷《紅樓真夢傳奇》手稿本，1971 年秋，史樹青便持此本向張伯駒請題，張伯駒先生洵題詩云：「豈願緇衣換錦衣，當時負卻首陽薇。雪芹眼淚梅村恨，付與旁人說是非。」詩後並有識語：「樹青先生藏蟄園《紅樓真夢傳奇》原稿，與雪芹原意大相徑庭，煞風景矣。但亦存續作之一流。昔在蟄園律社作擊缽吟，題為『題紅樓真』，余前作一絕，以後結句評列榜首，今已三十餘年，回首亦一夢也。」他曾飽含深情的說：

我與伯駒先生數十年交情，情誼深長，問學請業，書畫怡情，無分爾我，品味其詞，如味橄欖，如飲甘泉，如月下聞笛，如露中觀荷，馳馬越塞，壯美素美之境，水乳交融，可意會不可言傳，妙哉妙哉！尊為一代大詞人、大藏家，名實相符，必傳千秋。

並對筆者多次評價張伯駒：

這樣的高人，有學問的人，有涵養的人，在近代無出其右。

對張伯駒在解放後將西晉《平復帖》、李白《上陽台》貼、杜牧《張好好詩》詩卷、范仲淹《道服贊》卷、蔡襄《自書詩》冊、黃庭堅《草書》卷等八件稀世之珍捐獻給國家的義舉大加讚賞。史先生曾說：

張伯老的這些舉措不亞於一個民族英雄。

師母夏玫雲和史樹青先生於 1976 年結婚，新婚後史先生曾偕夫人去拜訪張伯駒先生。據夏師母回憶，當時還處在文革後期，後海張伯駒先生家的四合院早已被分割成了一個大雜院，院子裏住着各色人等。而這座小院原來的主人卻被擠得只剩下兩間北屋。到了張先生家，得到他與夫人潘素的熱情接待，落座後張伯駒先生便讓夫人潘素倒茶取糖果。夏師母記得非常清楚，潘素去裏屋好長時間才出來，手中拿着幾塊巧克力糖，一看那種包裝就知道是友人從國外給他們帶來的禮品。這時潘素熱情的把巧克力糖放進夏師母的

手裏，夏師母隨手打開一顆，正準備送入口中，卻發現巧克力上生滿了小蟲。顯然在物資匱乏時期，友人從海外帶來的巧克力糖是稀罕之物，風雅好客的主人不捨得吃而留下來招待客人，以致日久壞掉，酸楚之情不由使人唏噓再三。外人很難理解，他曾經富甲一方；他曾經是赫赫有名的民國四公子；他曾經過慣了錦衣玉食；他曾經將價值連城的書法珍品無償捐贈給國家，新中國建國後卻由於政治原因頻遭人生的大起大落，曾被放長春十年，文革開始後已界古稀的老人又受盡了屈辱。年輕時可謂享盡了世間尊榮的張伯駒，誰能想到晚歲竟落得如此淒涼境界！？他在《遊春詞》一書的自序中曾說「人生如夢，大地皆春，人人皆在夢中，何問主客，以是為詞，隨其自然而已。」是的，張伯駒對待人生境遇皆採取隨其自然的態度，他生來就是一個文人，他生活的內容無非是琴、棋、書、畫，人生的內涵他彷彿早已參透，對於個人的遭遇也從不怨天尤人，富不驕，貧亦能安。忽然想起明人的一副對聯：寵辱不驚看庭前花開花落，去留無意望天上雲卷雲舒。這不正是對伯駒老人一生的最好寫照嗎？

　　七十年代末的一個艷陽春，北京西郊的陽台山上，已是紅杏枝頭春意鬧，受張伯駒之邀，史樹青、周汝昌等學界同好乘公交車遠赴西山賞花。張伯駒一生喜歡梅花，並以梅花君子自喻，無奈梅花僅開放於江南，當時在長江以北尚無梅樹生長，杏花在北方開在早春，因其花型酷似梅花，而被文人們賦予雅稱 —— 北梅。他的好友民國教育總長傅增湘先生也喜愛梅花，二人曾出資在西山大覺寺門前以北以南分建一亭，張亭就命名曰「北梅」，傅亭則名曰「倚雲」，取意唐人高蟾之詩句「日邊紅杏倚雲栽」，也暗指杏花，文革初期二亭以四舊之名被拆除。文革後期張伯駒從吉林回到北京，雖然身上背負着吉林文革小組定的「敵我矛盾，按人民內部矛盾處理」之罪名，但對生活仍充滿了希望和情趣，每年杏花開西山時，他便呼朋喚友引伴去賞吟一番，人生的艱辛和暫時的困境卻絲毫沒有影響他對待生活的態度，可謂是真名士自風流！這一年的西山之旅給史樹青先生流下了極深的印象。直至 1982 年 2 月 26 日張伯駒先生駕鶴西遊，史樹青先生含淚寫下挽聯，其中還念念不忘這次西山雅集，挽聯寫道：

書會憶追陪不忍重看西晉貼；
春遊成夢寐何時更到北梅亭。

　　「我不信其死，總以為，伯駒春遊去了。」直到暮年，史樹青與人談起張伯駒的時候都重複着同樣的一句話。如今，當年同到西山賞花的老人們大多已凋零殆盡，只留下陽台山上滿山笑對春風的杏林，依然花開花落不知年。今年的陽春時節，筆者亦來到陽台山賞花。情隨事遷，如今空對着遍山的杏花，忽然想到了逝去的那些文化老人，一種莫名的感傷油然從心底升起！

本段文字參見榮宏君：《文博大家史樹青》，上海：上海三聯書店，2014，頁 16－21。

季羨林

牛棚雜記（原稿）

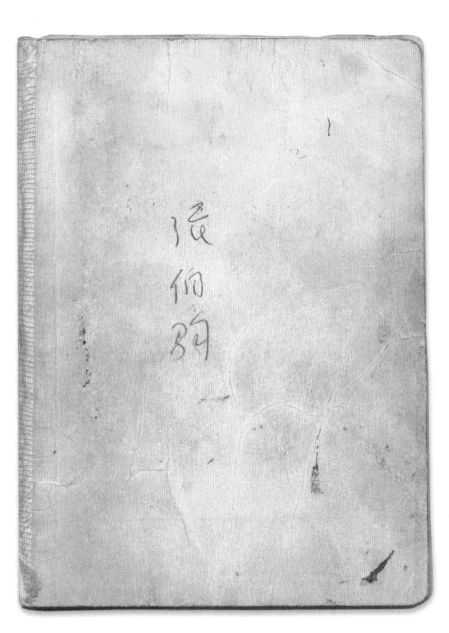

武器是战争的重要的因素，但不是决定的因素，决定的因素是人不是物。力量对比不但是军力和經济力的对比，而且是人力和人心的对比。军力和經济力是要人去掌握的。

《论持久战》

一、省的揪斗晚会

二、在党校讲书法 在老大讲词

三、编写红楼梦曲

四、检查封建主义历史文学艺术

五、红旗编者按 上海机床厂调查报告体会

六、为妨守用洋为中用体会

七、关于知识分子再教育问题体会

八、毛主席最新指示：大干部下放劳动这
对干部是一种重新学习的机会 除老弱
病残者外都应这样做 在职干部也应分批放劳动

一、终冬钟泰把东北文史研究所

二、用信初发动言词论

三、取消绘画期刊那

九、过去为饮收购书画及书画展览应
当批判应当改 庙小神大

十、过去对艺术的错误看法

四 钟泰研指省为地区服务

干部下放劳动 对干部是
一种重新学习的好机会。除老弱病
残者外都应该下乡。走资本主义道路
者必须批下放劳动

十一、对前途看法

十二、或古庵革鉴方状的反面教员

十三、思想与病情

十四、丝鸿遂东音　　京剧小册子

十五、相信群众不够　有中国封建统治者群众
历史论思想

十六、对民主党派看法　书写题词

十七、路经颐园章罗共事　仍也不与右派来往

十八、潘汉雄武斗了

十九、自然灾害时期　卖支买手表不惟是
生活奢侈问题与劳动人民对比是思想问
题

二十、看不起陈半丁想出的馊主意

二十一、去展览主候画展去画室，看画集

马克斯主义的哲学辩证唯物论
有两个最显著的特点 一个是它的阶级性
公然申明辩证唯物论是为无产阶级服务
的 再一个是他的实践性 着重于理论
对于实践的依赖关系 理论的基础是实践
又转过来为实践服务

站在反动的资产阶级立场上实行资产
阶级专政 将无产阶级轰轰烈烈的文化大
革命运动诬蔑是非 混淆黑白 围
剿革命派 压制不同意见 实行白色恐怖
自以为得计 长资产阶级威风 灭无产阶
级的志气 又何其相似 联系到一九六二年的
发作和一九六四年形左而实右的错误倾向
而这不是更可以发人深思的吗

二二、在美术开会讲去民主与标准上
二三、樟树苗 与竹的栽种
二十四、反右斗争与文化大革命受到挫折的比较
二十五、黄花证法 白霉栽培 表现

二十六　家庭

二十七　擁護毛主席不動搖　从封
建設　資治通鑑出发　在西安听说
毛主席还看資治通鑑心里很高興
不像工农兵擁护毛主席从根本上起書出
发比看比事根还親　这是世界观根
本問題

二十八　樸十罢課　度復課　应当長期
反省　行一条专揀是錯誤的

二十九　囯学社聚乱

三十　磕頭会

三十一　进行批判　南传统不对
学期改选保人情况好一次上为
留后訊息遠　和革命群众结合
級东批判起自動

三十二　美揚洋初化　起作坊　先毛机耕泇东拣友

三十三　宋校设汎形不錯政治問题的沉雷不肯表

三十四　""、"沉郁先生揚改化的色井名上沉形
认为是根已失实才名上是反化革命卯东

拿我来说在这个历史社会中是一个
剥削者如果与工农同吃同住同劳
动三天就看到自己满身秽脏遍不
成个人样子
我过去是民族资产阶级但知识
分子

在集体生活中我只能扫地打水已
感到满足 有些事不知道不会读但在锄提 意见
拣土地似 扔土块 剥高粱杆
这样劳动等于休息 但也算劳
动了心里稍安实在是惭愧
三十五 去林市讲戏剧
三十六 广播电台录音
三十七 教戏标戏 打谱
三十八 社论两条路线以过去家行

12.24

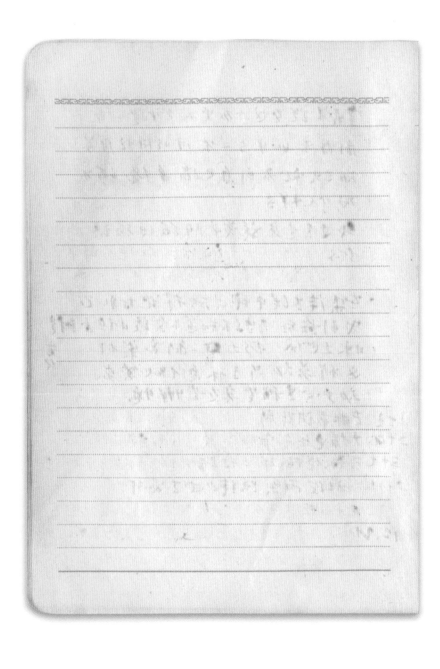

毛主席在全国宣传工作会议上讲话
旧社会进来的知识分子对社会主义制
度是不那么高兴的不那么欢迎的对社
会主义还有怀疑 但在帝国主义面前他
们还是爱国的

我对毛主席这一讲话实我的体会说
主席的话使人多体感动我不是不高兴
不欢迎社会主义制度对社会主义有
怀疑我更拥护社会主义经济制度
因我是反对资产阶级爱过界加阶
级的在这 但我是封建余孽我对于
封建的文化不少没有割离而还有所
留恋这就是我把柄的根源

我这一体会就大致定了明显说我这在
帝国主义面前还是爱国的就 开见一切
可以吗

约反十年来脑子里历史在在一部资治
通鉴文学在在汉魏六朝文赋诗文化史
刚卷我在在晋唐宋元明清大画明请传奇

旧曲京剧全是毒素

最近学习的放军报发表党的三大
作表社论 中国赫鲁晓夫这个党
内最大的走资派长期推行反革命修
正主义路线 抵制毛主席亲自培育
的党的三大作风 贩卖从孔夫子到蒋介
石的一套剥削阶级 资产阶级的腐朽
作风来腐蚀我们的阶级我们的党
和我们的国家达到复辟资本主义的罪
恶目的

我几十年脑子里历史名学是出这一套 是不是九是这
封建阶级的一套 就比到中国赫鲁晓夫长期
推行反革命修正路线上了中国赫鲁晓夫这真要
复辟资本主义是帝国主义的代理人我就成了帝国
主义的驯服的走卒 这样检查以为在美国而
岂还是爱国的在逻辑上说不通 必须彻底
认自己的罪行把剥削主义那一套毒素一刀斩
断才能真正执行毛主席路线 比我更说
过在帝国主义面前还是爱国那意似好乎我对
自己的改造不够彻底

毛主席最新指示 广大干部下放劳
动这对干部是一种学习的好机会除老
弱病残者外都应这样做 在职干部
也应分批下放劳动毛主席这一指示
与知识分子与工农兵相结合及知识分
子再教育问题是马列主义的根本的原则
发展与实行人类有史以来就存在劳动者
与不劳动者两个阶级劳动者生活就是劳
动劳动就是生活不劳动者以不劳动而生
活就必须剥削劳动者剥削者生活越好
劳动者生活越苦有马列主义学说问世才阐发
真理用革命斗争由劳动阶级推翻剥削阶级
毛主席说马克斯主义的哲学辩证唯物论
有两个最显著的特点 一个是它的阶级性公然
申明辩唯物论是为无产阶级服务的再一个
是它的实践性强调理论对于实践的依
赖的关系理论的基础是实践又转过来为
实践服务这两个特点就是马克斯主义
的哲学最根本的原则
毛主席的放之四海而皆准传之千古而不易

的矛盾论实践论两大著作就是从唯物

提马克思主义的哲学辩证唯物论和个亮基础

这就是阶级与劳动

毛主席领导的文化大革命取得决定性胜利

期发表知识分子与工农兵相结合知识青年

敬市干大干部下放劳动一系列最新指示。

使马克思主义的哲学辩证唯物论两个

显著特点进一步根本的原则使之实践个之改造

阶级从事劳动是对于中华团加强中国革

命领导世界革命的历史新时期的伟大

前途 措施

拿我来说在过去历史社会中是一个剥削者罪

恶是数不清的在现在集体学习改造中我

只能扫地打水已感觉到落后有时捡地

抓扔土皮剥高梁杆这样劳动等于休息但

此等劳动了心里就很难受很惭愧如果我不

毛主席指示广大干部下放劳动这对于干部是一种

重新学习的好机会除老弱病残外都应

这样做老弱病残希特是不能劳动但也要

认识劳动的重大意义认识自己的阶级本能的

路

阶级 更要认清中国赫鲁晓夫的阶级急
淘论诱惑做实验的抹杀阶级脱离群众
与劳动的反胡推行反革命修正主义的罪恶
时三不忘毛主席的指示关于反帝防修使中国江
山永不变色的百年大计好二从重改造自己

一工农兵同吃同住同劳动就看见那满身機端
不成个人样子了

## 遵守纪律的规定

一、一切服从学政组的指导和小组长的指导

二、思想上当空来学苦班是以罪和改造的

三、睡在自己的床铺上不到任何人的床铺上

四、不占别人谈闲话

五、小读报时不得打瞌睡

六、如无不舒服（如因病疾病需服事先向小组长请假

七、宿村料、女说在宅期五当好电扣取京出

八、饭碗洗陸务用完刷洗干净

九、理发不发先剃完去卫星

十、争取室内扫地打水 洗衣裳的劳动

十一、争取病体能胜任的劳动即
　　　劳动中觉一次便不敢行了

十二、每日宣读毛主席语录纪念章志
　　　八九日栏查林日栏六七证书

　言投罪　　按规定时间

十三、　每日以及小团整负不超过二次

十四、　小组长和学习同人对我提纪律意见虚心接受

十五、　吃饭不得留剩底
　　　　　　菜

十六、　刷洗毛巾席子衣被话术·少洗衣服　整齐
　　　　钮扣二指　平屋菜数　要

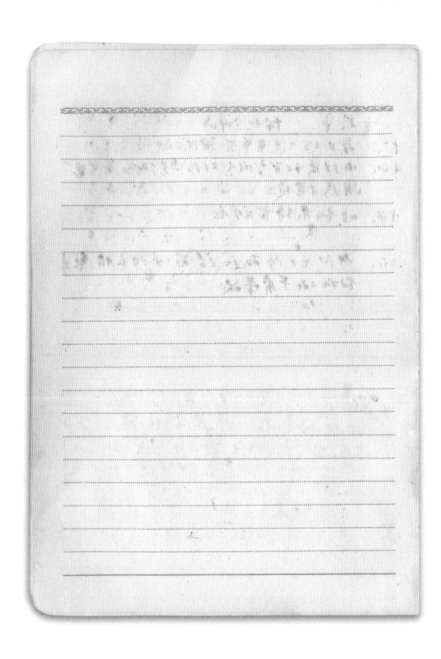

後來 鐘泰狠頻為所把持 東北
文史研究所成了他们的独立王国
的请外地来研究所讲学都通过
鐘泰 鐘讲 论语孟子仍按旧
学说 ... 向称东北文史研究所为吴
家大院 後來鐘养病上海 向迪宗泰
研究所讲词 向迪宗是旧国民党
... 分子情群的走友曾任国民党
局长 ... 一九四八年还在职 ...
造此事特录于学

• 在南宋提倡朱熹理学弄的人、... 冬燃
丧失 ... 的士气, 以至立国 当毛主席 讲异中
国和世界革命反帝反修的时代' 而东北
文史研究所大讲朱熹的理学这是彻头彻尾反
动活事
　　　　　　　　　　　恭祝 青年
又後來 鐘泰

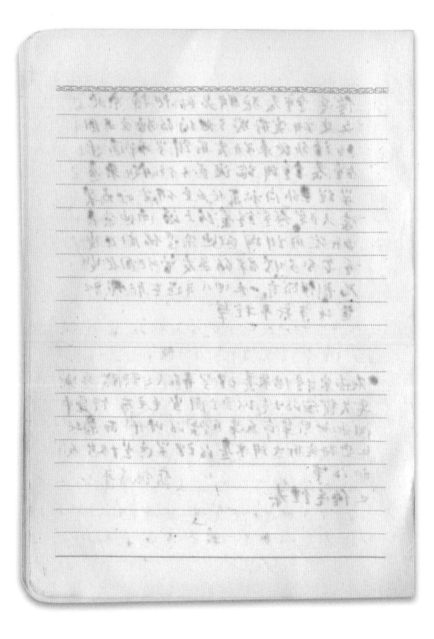

五二年国庆节前文学艺术界联合在
市宾馆联欢 我到宾馆州剧场王玉蓉
蒙小云毛世来曲塘马忠翠花莲宝都
向我打招呼我先到美场那位与王家
淮寿坐在一起后到王玉蓉绍小蓉毛世来那里
和马锺翠花莲宝那里坐一下花莲宝
请为她编写一的梅花大鼓剧词我说
也是我不会须要原来的剧词注明从
那里转快板可以等些著写以后
由马锺翠送来剧词给花莲宝15暗
病住在医院並同我到医院看了花
莲宝 对她说现在剧词不急需以著我
写花莲宝出院病中春节四北京了五三年
要四五春我去看她筹备给她写剧词
她说全国曲艺协会主席冯四甲(东不记忆)
嘱她能不能把红楼梦全部写一芳芳九

编写        编

要

歌剧词他说的意思就我来编写
我说可以我就续择版红楼梦新
证的周汝昌（以前燕京大学研究生听过
我的课）省信着我代了中代的红楼梦新
考案定他定思周后省政校技署搬我回北京
见着周汝昌商定由他写二七回后与郭荣
宝�920去因此时巳经进行京剧改革
我见到花道家周他红梅蓼剧词之事
述编省他说不编省了我即省信告知
周汝昌停止编省　代无人采

毛主席七十大庆不做寿总经我提海军
去剑城荣绥陪定应酬一次饭稚章叶
各省诗词被寿章士剑时荣绥把他们印
的祝寿诗词送我一份我编省了祝毛主席
七十大庆曲是剧词寄给花道家爱看

我与周汝昌如果编的复子全部红木蓼戏出
共剧词如春宫青年与前年们一样量的是
还没有编省想方比此一下电应当实样出来

我对前途的看法　对自己

在学习班中谈个人前途问题上会有不同的前途悲观的结绪。我对前途的看论个人的前途与忠于毛主席与毛主席领导的中国革命世界革命分不开的与中国七亿人民分不开的例如老弱病残以及退休人员（工人也退休）他们就没有前途了吗。他们一样忠于毛主席（报上常见的小弟老就热爱毛主席的事例）无论在农村工厂机关家庭都有前途老弱病残以及退休人员是毛主席领导七亿人民之内的就在毛主席的路线上就是前如果单从个人历史成份些事年龄体力等等（还有空气七亿人民内有多少些危险些意外其余的人就没有前途了吗。）单方面来看那就毁了中国

在毛主席领导中国人民和世界革命，作为中国人民之一就是前途　无

在任何时期待新历史时期

关八年自民災害时期故宫博物院要买我所藏的宋搨兰亭这「樗蚕卷这时我的蚕卷在荣宝斋由荣宝斋代故宫博物院买于我由我给荣宝斋写信故宫博物院直接拿去给价两万元因为故宫博物院先贤三希堂同这的宋王诜之这林小寓价两万元宋搨宋这一卷比王诜卷尤贵后百宋斋原京君明显世好主世熙岂其同耶我当这两万元虽无服买手镜及饮食方面包我当这不过是坐吃房价问题要与怔吟河根本不就這有

劳动素材此是一个原因

但另一方面也看到了社会主义政治优越性另在抗日时我住在西安值陕西旱灾灾奔雪还难的手只有把两个箸子一个灯台里是破裤一个盖五墨是兄女阳孙地讨饭而往来殷省更与邻省则在河南资大当粮食运往陕西高价卖出发财结果把河南的粮价也显高了一省的灾变成满省的灾荒在毛主席领导新中国这时的虽灾害是普遍而且还了方仍全部但节仍纪没有饿死人和现地的多城市人民不过减粮食供应一行每多一斤而已当时人们认为纪年录为需要十年但实质三年已经恢复

新吁

反如常这不独显示社会主义政优优越而道使

资产阶级反动学术权威的经济学论权了产

一九七一年九月吉林艺专美术系,付主任史怡公国画教员小某林(曾北京国画家现史怡公退休在北京,小某林现在省艺校)去北北京到我家结我爱人潘素去吉林艺专教国画我爱人以年老不能离开好辞史怡公说可以问我他先回长春安排好后给我们来信们再去

九月下旬吉林省与东办事处苏明(艺专某务处长)送电报到我家要我们去长春我们要答应十天后动身行前我给陈毅付总理去一信说我五七后公见一面至今未承没不以竟我去吉林教课不日成行事特函告知二日后陈尧二代表我到中南接见画陈表向我到吉林报什么课我说的是书法教书法史绘画史付师学校

2时春陈帅说过是你们学长又问我,青海帽子摘掉了没有我说还没有摘掉陈复说

你是旧文人，难免咒有情况你解释可以如果又如或别人所不谅你的一生要所送出去画字品都捐给国家了他还会怀念吗？我说

同他们说给你戴一顶帽子（原话说一顶破烂帽子的意思）那说那会对教育桥于我很有好处。陈先说你这样说给我讲话，又说你对毒林难对那方面关是在羡你多励要忠于毛主席忠于纪念毛这是人题价比的事情（了四川话）我忘记毛主席几十年了都听毛主席的话我答辞做慈这样做有什么事陵时这样

六一年十月廿二十日有我同我爱人侨市场长去年我拉扯的有吏恨你小等你及省博物馆更士全下来気到省博物馆申办你意胡主记（对四林解爱人）把我的所有材料书人全扣在牢

所以便宜买了又买少车给他说我没看给你
价零钱给他们怎么来了我说为电报要我们
来的他说等钱没有电报。怎么又有博物馆的
人来接我说有电报要我们怎么赠博物馆
们我也不知道第二天博物馆先到
来看我说没有说明我工作问题又过一天文化局
付局长刘西林来看我苦虑请素在长春教
课我在博物馆工作忙时也常来看我以后到
　　　　　文化局已

书格所没有见着而在某王状次陪宋振奎来
看我们见面就说我们一见如故接着又看请
素等来她所画的画看先后宋振奎说去苦虑吃
吃饭我与请素川宋振奎坐一个汽车王家礼
坐司机旁边在车内宋振奎对我们时我们东
北电报是他打的

十一月我同王家礼郑国（博物馆研究土画职
员）去沈阳参观辽宁省博物书代也转展览及
沈阳故宫博物馆回长春所得展苦虑向细素
在十二月同郑国去北京收购书画无生病回
长春苦专放寒假与请素回北京
　　　　　　　　北京　过春节

这时我去十博物馆 袁巳工作 但名义工资
还没有定 谱据王承礼一封信说由于我的
特殊情况 名义工资还未定 现专就要给我工
资即将发表 我四长春后 北京市足望搞撑查
　　　　　在北京一个月
说明了吉林省文化局发表我任当博物馆顾问
名兑工资一石四十九元主席自六一年1月起专王承礼
曾问我工资是否合少了我说不少 才将工资都发给
我
六一年五月 齐白石的陡稿剑开了扩大会议 我被选别席
　　　　缺词

宋振庚对我说是他排荐的宋振庚又问我怎
么认谚陈毅什么理的 我说陈毅做词我也做
词这样认谚的 王承礼也问过我 也是这样谚
的 我与陈总谚的谚都 没谚过 我来吉林省
店未来前与陈总见面 没有向任何人谚过宋振庚
知道一定陈总向省方面关系 但我没有向宋
振庚陈总是向那方面关系 宋振庚也没有谚

过

六二年五月东北文史研究所成立要调形到
东北文史研究所去教课宋振庭不同意
送省课所以高叶同形说不要去东北
文史研究所吉林省市的董事敝我在博
物馆同郑国一室办公一天我到饭宋振
庭应与郑国谈我的问题要我任什馆长
形等宋振庭走了形才进屋以后高叶正
式微形了形的意见发表我任外纷庭

六二年九月底我枝展东北文史研究所馆官
墨宋振庭与东北文史研究所高叶的为的
我在文史研究所兼课（以后也没有兼课）

六二年十一月宋振庭在北京开会打电
报要我去北京收购书画在北京见面一
天晚上饭店举行宋振庭同形说有人向省
委反映他与于肯堂（吉大历史系教授）
和我来往他已向吴往少记录扰说于
肯堂和形都是旧社会知识分子代
表人物和我们知道不如事情别无

答宋振庭对我说是与统
城部高叶的路

与他而且我是陈总有话交下来的

六三年底我曾写信告付铨长把志宋振
廷见面交给他宋振廷看过后说你的职
务是大家商量定的你还给王治下去

六五年冬我曾以去西面由向文化局申请退
休文　国务院动员年老有病人员退休
批局未来曾批准六五年底我回北京治
平疾六六年三月宋振廷去北京治病我同
他谈到我退休问题他又谈到以苓本人
反映他与于省吾和我来往的话
　　　　　　　　　　　他又向关铎去记宗批
总说反映他的人就是刘西林现在刘西林
犯了全省要谈他还升了一级又说我们的书画
都经过投责我写的东西玲说也牵进此责
放我有好处在北京与文史馆一里志就是
来就没有关系劝我再干二年宋振廷四月

四长春我七月四长春

　　怎么认识于毅夫的

过去不认识于毅夫也不知道此人六二年省的十一扩大会议我列席有一天开会是于毅夫主持我才知道于毅夫是省委书记会毕统战的这一天会有党内人与党外人交朋友的说法我发言赞成党内处与党外人交朋友可以说有隔膜党外人有话可以说党内人可以多了解情况我发言后于毅夫曾说话意思是党内搞文化的与党外搞文化的交朋友党内搞企业的与党外搞工商业的交朋友可以说话散会后已将到十二点会中于毅夫向我招呼握手问我住那里我说住在青南湖宿舍他说我送你回去就同坐一车去宿舍因为初见只谈寒暄说你作惯东北气候冷热此是否

那晚去到南湖偏金于毅夫同到我里我偿
住一间屋两张床一张桌子两把椅子我唤人
谱素巴在屋内于毅夫没有问这里铺
方便不方便我说很方便楼下就是厨房
饭食都很好于毅夫说你先说吃饭了提
开会再见 以后开会没见到于毅夫出席就
见此一面

所文史片 君明名经录，读采善家论
　折话条通苏置吃饭
想爱仇远白书话卷　与于普晶横画，
异董贵名青绿di水轴
说不与阮莹采住

元旦　六人画展　文艺界会　岩城梅食
　　　　　　　　　郑于蕴未冷　　　左精公
束此文发所
　　　　　八　花竹钢笔
　去绕日库　　　　　去管核
　　　　　　　　　　去大宿　去京剧院
　退叶巷
　董外吕画，
　宋版か　　　宋人雅苓，　遂廿吕画，
　佑馈画，　　　慎店
仇匹画，　董青绿画　之同　几24

六哈董青绿，单毫徐清说采新去仕
宋咛节　裱匹，

第一次

　　六一年十一月康生家祀以手批示鄭国委北京收购书画，經費三万元要在十二月內用完否则缴回须上交。因为馆內以人迴迁書注意在收购古代书画、宫廷藏古代书画精品不继续將扩博館馆即送向私人並着收购以款多时间短而收来不全是精品以后陆續收购除在室左廳孤专手是私人收並着书畫情形。

　　　　　廟小神大　博雅錯憂趣溥廣

一、阮声 二、李信 三、元关工左兵二元关本告面史

　　　在收购文物工作上的罪行

一、浪費国家資財 六一年十一月康生派祀有我同鄭国委北京收购书画缴项三万元要在十二月內將款用完否则即须上交国館內时人迴迁多注重收购古代文物书画、宫庭藏的书画继续又不继续扩博物馆即送向私人收並者收购因款多时间短所收来不全是精品且出价不輕容在廳为高好理款在年終末經用完即应上交 为免上交款项又對收购文物不事精选甚为从臺以后陸續收购除宝寸奎分多半是向私人收购倒买買同价值的在潘室什价三千元周鍊民原買价为八万元又所買錢郭道光人

我们的权利是谁给的 是工人阶级给
的 是占全中国给的 是占人口百分之九十以上的
广大劳动群众给的 我们代表了无产阶级代
表了人民群众 打倒了人民的敌人 永远就掌握
在我们 共产党基本的一条 就是直接地、亲
亲大大革命群众


蓬蝶蝠万缭纷纷 这样花不棉不棉很贵国家资材
所以为资本阶级收货者造了机会。

二、李伯主义 广州 天津 辽宁 沈阳故宫 博物
馆 寻到北京 收购书画 更加以掠夺之徒 抢拆
耗破抢宝走 乱说五八年后书画价格逐步高
现 以书画 至景品拣来论 去者标价所第
一上海博物馆第二辽宁博物馆第三南京博
物馆第四 北光区北 为天津广州沈阳较贵 十里湾 经济
为我的亲属友表书画价差方面 想起此元津广州博
物馆 我们计令良于半类茶标所说旧小神 大等流
话对我说当柜元 的采安商王承孤希望能究到
一些古画 现都不肯收到 在书画收货方面形世

如近天津广州博物馆倒的郑雪松等重的
罚收儿的横�说从黄商品楼当对物院档案的我
我的好的省馆又群无学说他以五千元买到毒唐书楼
专但在省镇无成京故第份相院上除博物馆当院
他为多虑归猪爱名董辛历史及无我理的七人为
当展中在保管方面系统方面信仰方面均有盖例
代这样做法是似个人主的当兑与事情主我方利的
又

三、我的权物工作不性与又发兵服务无关与专片历史
地无关完全走上了极经工作内以到初的奇的制度隐
娘的里线.

我进乡读人民日报批判革命心论和上海之人
日报马峰写就是要插的社我思想以为
有消极的群众就是革命心论者就是专大难
自束的省字班自认识到我这种思想是很错
的若多数群众学了做人瞭般自觉理路会在长
一時我这种思想把敌人与群众没有画清若
若着这种思想会受极经工作的捍到小奇
的群众路所说的毒害毛席致导我以的

应当相信群众 我们应当相信党 这是两
条根本的原理 如果怀疑这两条原理 那
就什么事也做不成 最新指示,
党章党章的一条 就是直接依靠革命
群众 毛主席对群众是极为重视。
我心评平校的批判批过去的结论说 党
想坚决的相信革命部群众相信党

"革命群众与敌敌革和工人阶级是一律学
者毛泽东思想 执行毛主席政策的应当
当同相看

六二年邸在学校讲中国书法史
二小时自甲骨文笔开始至甲骨篆隶草各种书
草书楷历代书草变化及书家师承渊源
文在吉林大学讲词概学四小时合共二十
时　　　　　　　　每日晚讲二时讲两
次所讲词学源流音律选调传载及柳永苏
代南北宋清词家升表等

　　按每小时四元政到
由校区刘某在身旁说笔彼此隐著有
于旁云

　　我占领给形的反面教育
自红旗杂志编者按及关于知识分子再教育
问题和解放日报社论，再提出要给出
出路不给出路不是无产阶级政策对于极
　　　　　　的政策
少数民牛事极大需严打狝的所谓反国书
化的走资派和资产阶级技术权威在充分
批判之后也要给出路这对犯严重错误和
研行的人不多行感动

青的组学习班学习改造是给这些人们的机会使对抗性矛盾转化为非对抗性矛盾是给这些人以出路。如不愿脱胎换骨接受学习改造交代把罪行尽快回到毛主席路线上来如果有逃跑或自杀的想法那是不齿于人类的天怒已到。那原来的想法这些人绝

不会有这样的事情天怒已到。今天辛勤的值班人员坐在受冷邑不白之的辛苦竟然有出人意料之事武仕麟竟想逃跑又因未能接见家属与值班人员吵架更向大队讲理也是武仕麟的事这是从武仕麟反动阶级本质出发的武仕麟给我们的教育说明阶级斗争学习的不够毛主席教导千万不要忘了阶级斗争从搭工程队内的刘炳奇则与毛之

席对抗有阶级斗争熄灭论这两

条路线必须认清毛主席的领导地

沉天工学时工学叛徒工贼内好剣加奇

的罪论必揭发批判我对自己以往

造些就是向自己的阶级斗争

十二次金会公若学习

1. 全面总结文化大革命取得决定性胜利

2. 主宽是无产阶级夺取政权再到已义与
   僧政主义夺取政权的胜利

3. 辈固文化大革命胜利的一切新器的成果

4. 予美帝苏修以致命的打击 毫到的威各

5. 关系世界革命

    进入

6. 过去对文化大革命时认识不够 党与公兵对照

7. 上层建筑专政

市委书记曾由的教军工人谈话
你们是革命对象也是革命动力

进军对党化大革会能谈认说
1、 纵东到个奇端工作组认为是把
    运动纳入正轨
2、 认为是党内分乳
3、 认为是白区红区问题
4、 没有看到姜转到分奇里通外国
    后台是美苏修国民党

5 工人领导上层建筑 没有想到

今天上午规定讨论全会公报我作九项把组
讨论时伟理长说景露法思想了先没有手
借但是说话思想与公报分不开的主要
的学习公报结合思思起 我来三西个月
以来最重要是相结是之际领导我先的
政策相信袖是军工人党组及和革命
群众抓住公报政策先立场问题是足

续

跟着的宣布没有话里想你会说某来
要实了求是65就要实事求是"是彻底精神一
一 向解放军千七工人宣传队拿相98
说不算右你别案这是相宣传所以
够限忍不说而故骄级你欺事给说
七千种还没有说我们军信组放三
位们毛种的思想有无反动
一、毛的永代是一个会方面

二、还有其他方面

1、地位不同　　　　　　继　象批判　我批以
2、问题不同　　　　　　实的一部分

　　　　　　　　　　　所影以的方面大

　　　　　　　　　　　最后先明的

　　　　　　　　　　　绝对相毛主席怎么

　　　　　　　　　　　党的政策　军之道

　　　　　　　　　　　执行的当的政策

扩大

九日星期六学习讨论八届十二中全会公报
主要的学习讨论公报要结合自己的活思想
最重要的是文化大革命全面决定性胜利和及范围文
化的继续

扩大革命胜利毛主席的一切指示部署把叛
徒内奸工贼刘少奇扔进历史垃圾堆国内外大好
形势摆在面前最要紧是绝对相信毛主席
领导的党的政策绝对相信以解放军为后盾
以工人为领导的宣传队和革命群众执行党
的政策是立场问题是改造的重要问题有
活思想你管说出来要实事求是的就要实了
求是倒比如黄延说自己不认为是反革命分子问
毛主席说你既否认自己是反革命分子这一句话
都充塞这问题忠当面宣传队汇报不知是限思
不说这变成情绪这

我在革命群众解放军内三位同志我思想
虽然没有多大波动但也有活思想我认为世
界观文化是一个重要方面另外还有一方面是地位
不同我过去为第八排领导最起码是党内走
资派但也应当是当权派我执行了部局文艺

2、六一年十一月批同博物馆党支书
记付馆长去沈阳参观辽宁省博
物馆古代法书展览四展君后商量也举办古代
书法于六二年春费出套白描毛笔开新的绘色摺
理骨金电影连汉隶及后代真草行摺色小真
影集复制印照片等不由王承礼派人到
辽宁省借来宋代法书四件这一些法展览断代至
清代为止每一时代的书法沿革变化及书品书家小
传均加附说明挂主展览不应当断代到清
末为止 毛主席是当代书法家应当把
毛主席的书法展出并应将在实用上简化
汉字展出并表现出在实用上中国书法
的发展形考虑到这一点王承礼也没有
指示遂便这次书印展览完全离却封建主
义作了离却违反毛主席为工农兵服务的
原则 我与王承礼共同把了半年多筹谋

3、六二年夏王承礼创藜安县挖土取肥
句壅古墓�等壅中壁画派考民钱陪
我去临，尝尝次我考了四天四夜搞文化

都文物局辦处長將赴上海博物館研
究所，邀請郭某某審查古代……，回到
北京後審查王承礼的請示，珍贵壁畫
集中参觀，古卷仍由瀋陽同志到北京参觀。文化
部王承礼並通知集安檢查接送，日本关于古句麗
壁畫有出版的通訊，王承礼意見得到文化部
支持，挖掘古句麗古卷所得的省级出版的
日本通訊一书，较日本通訊还丰富，則比西北敦
煌石窟更有关系，吉林省博物館即是研究……

（我認為……

十億而個人古鉴水平之高，但不能挖掘
古句麗古卷的原因有二：1、与朝鮮國際的关系，
2、挖掘后外面空气透入卷内即发生潮湿屋
面就要損坏，在文化部認定不能挖掘
掘故由文化部主办，因停此挖，对此一事王承礼与
我同坐了半個……商谈……

四九三年春王承礼举办学术年会在历
来等力化的有东大师大教授讲师而历史研究所
教授讲师及里延记博物馆专林市博物
馆集安县博物馆代表省还有文化部而这
全部内容本省历史和艺术方面的文章还
增春历琐谈第一集都刊印出来分组计四
並展北高句丽临摹的壁画由王承礼致开
幕辞王承礼这时在党校学习每况的会由
我主持开幕仪由我致开幕辞王承礼回来
作总结这一次学术年会关于历史艺术方面都
是封建主的学术文化是与抢救高句丽
古墓相连接的

1. 六一年十一月底王承礼命我同郑国去北
京收购的书画（这时我在馆里已工作名数情
未定）数项为三万元要在十二月一个月内用
完否则数项即须上交因为馆内时人画
世专注意收只有古代书画，室十齐，（北京历省
文物商专卖了书画）古代书画精品不售
给外地博物馆即须而私人报益者收购而

因物数多时间短亏 所收未能全是精
品。我在北京曾经王承礼来信说收价
比市价稍高可以 我 所收购的如画
要比宝古斋的价格高出二成 同时
王承礼还说方啟东去上海收购古画，
款项为一万元 在上海照例在文物商店
收购 为上缴报明错所不要的次品为
估误。把巴巴款去年终末经用完 有些无
应收的单交为价值的文物 款即应上交
有史武兰术

为避免上交款项 收购的不精 不事精选
就是浪费国资对 我在收购古代玉画口访
上 e 行了检讨交代 王承礼也犯了浪费国家资
财和存信差上的严重错误。

　　本单位进入了斗批改 毛主席教导我们中方
立改即是立 斗批是改 改即是立 不能分割并的
犯严重错误和罪行的不能说斗批与我无关系
就与我无关尤其是 犯重错误和罪行的人 应
是他的对而更应当知道为甚麽文化大革命
应当加以思考方有贡献 以便本单位三更考

乙、一级路文物

3 展览什么内容

4 解说员问题

换

会给革委会换 和革命群众办了治

一、省博保管部仓库狭隘设备简陋 关于有历史及艺术性的国家文物（除与本省古代历史和革命历史有关的文物外）一级品为保管方面怕是备而不用，是否应集中于中央保管或托管

二、考古队是隶属于博物馆还是隶属于省文物保管委员会以便如何进行工作

三、展览方面以后应展览与工农业相结合的成绩如上海机械学院工人学生在机床厂创造估计的具有国际水平大型平面磨床及滚压操纵箱二十万倍电子显微镜等

模型共色七千校的发字加工人和
为下中农领导的学校和军工宣布上层建築
的成绩等

四、听说员各青年女生個定一年有三四
次展览作所说工作则余日都无所事
这样是賠误青年解说员应当下放工厂
农村鍛領 展览需要解说工作时
調之人和为民中农所领导的中学组织
学生代解说工作 展览完毕仍回原学校
这样解说工作与共实践相結合並節省
国家经費

学習红旅桑志 编者 按关于知识

分子再教 问题社论但展告临榜话
确切是知识分子改性的地方而以統計
一九大学等进约干部有多外人还去我当同于
指导说走就扎的小价钱加强好于出气说

你们会派里有一个师大图8呈分问已
有这样空气进去,两条路线中走了必要
第一报求第一的路线老现在斗批改中式
了有影问老人还需要工发手予以再教
有我任科错误以为人了等由发内有责犯

第一
术工价缩小到历史老大方面更缩小到
古代古远方面其他一切不问不问于省吾
对我所说的我也没办法 过影区

但老我可以
羊老见 我没有羊之老

章兄
科不负责任的态度犯了严重错误
及当己� 化走了一个路线
现在控计我科觉再揭发王承记

本华信的斗批的主要的老虚讲
级统内所工听刻与奇敏反革命修己又
的路线况吉论文毛主席的革命了刚这
义的部暑揭饿食毛主席认为揭好斗批
刘影

政策是大意义 斗批改是两条路线的斗争
指导

一定要结合政治运动 在思想上政治上理
论上批深批透 进行革命群众斗我的
批判斗争 说总觉得是个人问题有时还闹
情绪是极大的错误 斗批改是伟大文化

这方面

大革命必定经过全面胜利 批判不批判是
革命不革命问题 要批判改造不 改造也
是革命不革命问题 我现在认识了批判
的越多越深越透越好

有些问题我觉得比我太期有教了 过去有些
想法是不对的 现在听说革命群众的政策是十分宽
现的应生结合阶级 日批判论学习又说我们那
说的是发挥反革命 那说我说的不是宫廷文
章各人问题不同那不是务这件问题就要

像动是一样

我我原行的决心我要结合两条路线斗争

我说你可以给我'我也批一首她说
她的字写的不在乎 没有寄来至七年暑
我常写信给她说是如日无了可以即我
信有啥意思

○今年一些是七年业至镇埔三个星期一个月到我
一次来时是早上午十一点吃进了饭才走我作
的词给他并问他和毛主席小调歌词
没有寄他说寄到博物馆去了我说给九
收即他又寄给我我也批了一首我逆对他
说我的问题主要是春游琐谈并问他师大
情形他说七记多被斗了还有图文系 糖厂文艺
的高潮全如夫妇自杀载又问他博物馆毛泽
他的爱人有无问题他说他知道当他等也说
也被斗死在摸索我又问他有无问党他说他
是十届委一类的也被斗死无劳动锻练生产劳
快集华

记过年春形美大埠为市吃十扣寄毕业饭我
去天津见美的版石我对说是老有一个能
像以艰苦大志书镜王镜也是学其要宏
（你要格花门说等给你后知可以寄给我

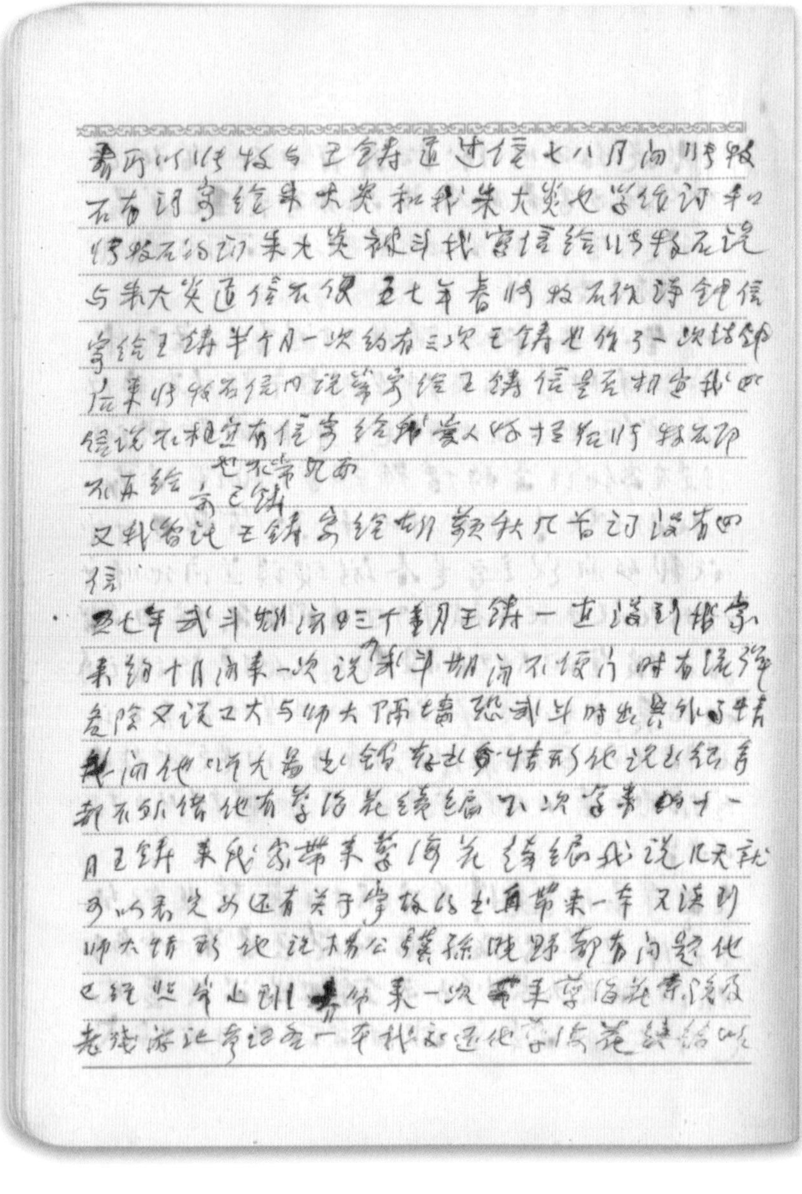

抗敌协会来过二两专刊还在我那里
对情种史档发版稿内部工赋凉我省
同王铸谈党内岗士专资派已经定案文化
大革命品川年王二月我接见成王铸说不
知道结发我又我问他上班还是学习还是
搞业务他说搞查派业我说你不等于
我们有什么派业他说人民都有派业川师
大二系部造大学教他都听造大的就是派
业他说你才是查派业的话还是十一月闷
还是春节说他记不清

我对王铸是以朋你词的后些想看邦
与王铸是有同一省恋封建文学的琴笛素过
一九批便多年
家庭北多历史江北其先
朱枝 没有结过婚 无病帅怜

六二年十月王承礼去吉林市掘据長蛇
山更纸去吉林市收的碑帖並参观長
蛇山掘据我去吉林市訪長蛇山参观
館内奇古队运在掘据住于民家内去吉
林市府了王承礼要所收购的碑帖多选
佳品我与苏釣挑拣了一部分碑帖
開支八百余元又由吉林市文釣本地私人
收美者吃饭餐收的地价局也还给我
了那本地收美者並无若輕好价值的也
只看見一幅山水畫年代约明朝我即若吉
林市博物館将此畫注意系于所收购的
碑帖在館内众只是三级距王承礼的若
恩总不在这些碑帖是与本館靠領导部有
关的全是打帳主意使本省市杲博物館由
于省館领导之下

六三年底我以书面向宋振庭辞仟館联系
難过了不多天王承礼到我家说我收购
书画皆已经过复查以后要我还积极

1　民间字收稿本　　　5　楷草苗子
2　举办宗画展　　　　6　听益正华
3　家喜辑概　　　　　7　楷绝家抚言
4　一分为二看　　　　　字画

起来接我'友北京物贴土画已感觉到犯
了本位主义错误而这叫王承礼他的
谈谈还没有认识到错误

六四年王承礼对我说文化部对在北京搞
贴土画批评到几个博物馆四方本馆在
内並批评到代王承礼没有给我'看文化部
原文我说文化部批评是对的我们应
查爱回教育王承礼说也要一分为二看
接
意思说接受到批评优点物是搞到了这
还是存在着本位主义

1.　六二年岩文学告我′第联合会招我与王承礼
谈到五金的情形王承礼说正在搞"盖子我"
之若见黑板壁报上写有对郑国批评也
未完进行一语″　毛主席第一馆大字报说叛
徒内奸工贼刘少奇"关系,到一九六二年经
右倾和一九六四年形左而实右的错误他
們包不是更可以发人深省的吗″一九六二年
叛徒内奸工贼刘少奇为奇的右倾时期是
搞准的盖子呢

2.　极好的古代书画王承礼希望我拟制一纸唐画
唐画存世无多故宫佚失于东北的画中
的唐画故宫博物院辽宁博物馆收到在现時
即宋画丝难收到王承礼竟在岁错即出画
开始若有一時佳唐画就可以送进除岁出博物
院上海博物馆这个博物馆即文化博物馆
所即的书画.但唐画始终未就收到车错出画
集中六二年冬筹备送了八十余件内有宋金元明
清画已能补上广州天津博物馆即送画来,六二年
内容

将一部分照片字故宫博物院反物比
版方面给国文物出版方面人员将下去搭四
停止动而停却至一五年故数隔出版方
面更信识向是忍继续此版王承礼说现
是会候不对了抑制本铭至画集出版又是故
封建芝术的萎素

3、六四年我与故宫的审查出区分级至请
代有几件书画版在那经询问由审振

有会会心安卷郑板振
面行种都是名纸

声借回袋老巴有一年多我上次管搭留窖
振节利用职报破坏国家保管文物
制度化借出经过我不知经诉李进
这是王承礼借出的王承礼这一严重
错误应与窖振声根寸
过
郑振

六二年我在省美專講中國書法兩小時以後
的功夫求給教師及學生並講自有毛筆始發
展行草真楷的發展歷代書法變化和各家
家簡介六三年省美我均給开全校講我在會上講

沿革

演紹中國書法我还負責省美搞書法組又參
加省政搞書法組六三年省美搞用學校吉
林省書法展覽這時我在省政協學習並講
過兩小時到會場布置這都是在本省放了毛
建議之還搞下的書法書畫。

● 農商等

## 推擧耿隙等

六一年耿隙等為吉音樂系要約一个教二
胡的教師由音樂系琵琶教師李廷松推
薦兩个人一个是甘伯林是瞎子瞎眼一个是胡
江飛在民族學院音樂系代課的自称教授李
廷松推薦時說明甘伯林的技術比胡江飛人
品較差但是耿隙等还是用了胡江飛以为北
上海搞胡江飛开口要一百八十元工資耿隙等給了

二別

每月一百五千元试课半年廿伯林别被去校
告我学校约去教课每月工节八十元后来经
调查知他是个招摇撞骗的人半年期
满了就离学校告伯林第二期
这说明教院兰不信任党员私民间党只认
识敬授全是以资产阶级知识分子统治
学校的思想和作风这时我住在南细寓
舍所以我知道这件事情予以拒绝

　　紫竹演奏的音乐
琴瑟埙篪排箫　梡敔

一九四五年日本投降后给国民党教
育部特派沈兼士接收北治国城。
日伪组织大院高士等皆移交北大国城
内皆空房这时我拟办一个国学院与沈兼
士借团城房屋数间兰问拟办法沈兼
士说须向伪国民党政府教育部进文拟
以案並呈报苍命数月我进文势国足先教育
部借桌椅苍東数目五百万元指级时並百五元
约值现在钱（五毛七八百元五一十元伪钱音部墨之不
理困我之国学院乃由傅鼓家（軍滿时兼省民教育及
火災）代理官在我任付理为名内为文史志通乐曲
三组但北軍市每月補助一百万元（合现洋一百尺
十元）文史美画均未举办只乐曲组举办古乐一部分
借北軍市長为熊斌（海玉祥之爹課长1系旧説）
設一任有班有学生二十余人曾举川祭孔一次以
古乐奏連览排篇　脱敖古乐當傳意由庭琪
主祭右热之気凄往国民党經隘前之幾所动竹
經費一石万元遠意不足用古乐信智现困会得为
傅鼓家病故由王梗三接任理子去北軍和查報报后

华北文化学院、正本京在三次陵后定

华北文法学院作为校址前后器具统
交公家北平国学社也呈报结束
骑射会由北平市财政局批令为结束 以经武
会非正理事长我以为骑马射箭是游戏及
气因应允担任后乃知骑射会主要是靠马在
西郊跑马场每星期日是比赛完全是赌
博性质彼时财政局欲藉以筹款 场内设一
簿记及买票者无人去办 跑马私赌重重 我任此职
上我当了一个月的理事长决去辞退
一九四六年至四八年先曾在上海在民盟主席张澜
家曾与黄炎培章伯钧见时罗隆基在医院未
见到北平和平解放后张澜沈钧儒黄炎培章
伯钧罗隆基到北京在北京饭店晚又见过面
人民政府成立后章伯钧任交通部长我没有到其
里去过除开会见面两句话此后无来往罗隆基常穿
住家画有时打电话给我去他家鉴定书画我已
认识罗隆基是画家且有些问题打了电话邀我到
他家去五六年我将所藏晋唐宋元法书精献给国
家这一年到他家他说我是书呆子说我以为我
将这些古代法书珍贵的文化遗产觉着我了不起

买毛主席每天接信岂止一万封还把着你的信你如果想一个位置由我们推荐就行了当污吏吧一些我对买险著的话一言未答以后那也不再到我去

章伯钧五七年春在全美协等观美展时遇见他约我到他家吃午饭这是第一次去他家在重上章伯钧同我说有需要他帮忙的事他可以帮忙毕竟是是老朋友 我们生老朋友 我要让他向政府推荐我也沒有作答 又右左五九年之章伯钧夫妇到我家里来章伯钧说政治的事不能帮了今日座上客明日阶下囚果以意思他不要再有而年高中毕业乎接待他考美术学院现在学团画化粗到潘素谈起道就收他作徒弟当时不好意思拒绝素著应接他第二天请素共约北京中国画院党委实纪导章振铎谈发給号说可以收他所
以約春节章伯钧快来拜年我也四拜他六一年十月我来右林省性工作六二年春节四引北京章伯约引我家拜年又过了他当不到吕隆差见来到家与飲茶相此半后即与章伯钧谈话来听他们谈话

是章乃器五除建民全籍的事等我审查时
章伯钧同我和号陸苇说我们明天晚上
去四川饭店聚乡他壹些盖苤我明无无家候
着他六点钟坐車去接我第二天晚饭在四川
饭店聚乡的除章伯钧夫妇凯陸苇和我俩
还有四人一陈，叩（全记话场毫草）艾化三人
有一女话纪余纽店呢名也不记得民主党派
人士（不是右派）六三年春节去北京章伯钓的
女兒去我家拜我同地说我不去看伯父就了
后来章伯钧也来拜年我在在着封这思起川羽
4号感觉不好意思又去他家回拜章伯钧还给
我夫妇在他家吃一次饭章伯钧说到访情他
说社会这陸堂判弱了他的老軍秉叩氢话说
不惠沒信告乡4夷去沒話以老乜看三俵的字画叩
章伯钧拿必地的字画喜文即前厩看他的生和
十几益婙我这次又在四川饭店聚步还是以前
的人事后我感到犯了错误我是在职人员章
罗是五七年间壹进的右派歧？这水年与他
仙未经和聚乡昆識我不乡以次再乜不
叩章伯钧家与女兒面以上三遺有交待过

现在交代

认真学习两条 路线斗争的历史

1949.3.5. 七东

　　自己所作 毛邓东路线

　　　铭十年来 毛邓东 化 …… 新爱情

毛刂时代 的了到 毛主席献

　全国胜利后阶级与阶级矛盾 阶级斗争

揭出基本矛盾是工人阶级与资产阶级的矛盾

这由新 由民主革命 若入社会主义革命

　十几年来阶级斗争了事 证明了毛主席英明予见

　　总结了民主革命时期两条路线的斗争

　分析了民主革命藉以基本胜利 阶级斗争的

　新形势

　指出了从新民主主义革命 直转为社会主义革

命 建立和巩固无产阶级专的 建设社会主

义的伟大纲领 是在整个过渡时期 反情 反左

在地把社会主义 路线的胜利思想予答

伟大纲领 比现十几年来

七届二中全会 报告

1、解决国民党军队方式 天津 北平 绥远
三种 阶段 调法 镇压

2、 解放军永远是一个战斗队 在国内没
有消灭阶级和世界上各种帝国主义
制度的历史时期内
用北平或"绥远方式" 解放军又是一个工作队
随着战争逐步的"缩小 工作队伍 将加以扩充
技术性军会部转化为工作队 分一个解
放军看成一个巨大的干部学校

3、分配接收城市 城乡结合 发展工农结合
工业发业密密联系 党与军队努力学会管理
城市 建设城市 学会在城市与帝国主义
民党 发率阶级作政治经济文化的斗争
学会同这些人作公开隐蔽斗争 要到
不致此损失的情况下 使自己从站住脚
争一天我们在这个城市里与敌人斗争中
斗争还有未取得这些的人

4、 全心全意依靠工人阶级 团结无他
劳动群众 争取知识份子 净可能争取的度

放资产阶级 小应发展城市生产了业
等农业生产密切联系系的营业工作 把持
工作 消费城市变为生产城市
城市机械工作 签 版权机关 工会
及委团体 文化教育 新反 道训记 报纸
与播电台 都要围绕生产中心工作而服
务的
5. 南方沿海国民党武装力量 更多更的较
发动民众 建工会发会 共化民在团体
消灭国民党武装势力 小恢复生产了业 分报情
陷土匪恶霸(地主当权的)解放军所达的地
区一半到两年完成 实现城乡造形纪
大批案例
北方 动头一切方黄发展生产了业 小恢复发
展文化教育了业早读消费反动力量 '门道整个
北方广播人民都放军
6. 中国已经有百分计的现代化工业 与古代不同
其汽价级的的政先着迁杰 在必绝也改各篡题
者绝中国率苏关极派总纪记记 现犯有份弊绝
也因违为百分之九十左右分散的个体农发生纪地

经济主体尚在古代的 是城市建土地所有制
现在被废除，侵有这都于古代，相给发也了也
多步向现代代发展，但是在一个相当长的
时期级也和手工业 还是多数的个体与古接近
们 认为急视轻视这一点 就要犯左倾一
义的错误

二、中国现代性工业是在足经济光素石少计
但生产中的 最大最主要的资本是毒口三也及共
毒动第一服结手中没收这生一制III一无 夺半
田所有就做人民一国芦把了固美经传命所持
习荟疫境大的 智也成济口民民经传部早68本
多在是资去义性济有的经济就富急一 就我
犯左倾一 义的错误

三、中国私人现代性工业第二位 城乡44人资本
墙专方少之化

民族资产阶级及其代表人物 因受帝卫苦缕压迫
去民主革命斗争中 保取相持 中主义 争由
种口经济现在还处在落后状态 一切而利于
田民经济 许女者去发展 但在活动范围税以
收束市场价格务动条件等方采取各个时如去修

劳动有组织性限制必需，但私人大企业亦
要有所限制，限制和反限制将是新民主主义国家内
部阶级斗争的主要形式，为什么不此刻就解束限
制，而口号是在一"限制太大太死"事即"反起
生代"一语。

㈤陈云：凡数个体农业手工业经济引导为向现代化集体
化发展，使之组织生产的计画的信用的合作社
另有股经济，没有合作社经济就不能把千百万劳
动人民，由个体之向集体就不可能由新民主主义社会
发展到社会主义社会。现固无产阶级领导权，谁发动
一切，就必极力组织，国民经济是社会主义性质的
合作社与半社会主义性质的加上私营资本和个体
经济，国家私人合作的国家资本主义经济，这些
就是人民共和国几种主要经济成分，构成新民主主
义的经济形态。

㈥毛泽东：对于贸易统制，既可束缚资本主义和吐民营统
一说从农业国变成工业国，没有这个贸易是不可，
使其占用比例，洗洗土地问题，以便通拍老弟
而种类本矛盾人口中的工人阶级与资本阶级
的矛盾，人口的间性口与富口差的矛盾问题是

林垦工人阶级领导的人——口腔α—权 在人民
民主革命时—经不是可以料到而是此情多卖
化对内的节制资本 对外的统战资界 是党
在经济斗争中两个基本的策略—离我
犯—大的错误

七、　　　中口经济量弱 促中口人民夺取了劫
爷 革命的胜利 人民共和口的建立 些的经济
毛经济发展—定是快化 对于经济 此又民的
统治毫无根据

八、　　激底折毁帝口主人 此中口经济文化方面
的控制权 最乳让口民党改化 化的经纪行分。
国动家人次 机关的合法地位 不承让口民党
时代的一切卖口条纸绳续在 有此情一切卖口的
在中口有待机关 立即 统治 对外贫易 政卒海关
的变运此掘务以 在 中口就立来了 对于普通的
信 保证女合化机益 对卖口主义非共改卖教犯
中口的劳发在不予乳以女在中口有化地位 只于
过分口人做主意 方生竟就坐缩若气与乳会之
义化毛竟 同时也占资本主义 口那例笔竟

九、召集政协会议 全面经议 地方经议制

主地其他口民党立和派

有转的进作 不许指责 保九高之资产阶
级利益 或立政针 定都 北平 不纲务
诸辩 不接受说判 也不能 却里事却登的
接受说判 我叫住山说 里党 要有的实现
吴州的一切 许刘的如此震 的灵话半

9 无产阶级领身的以工发联业为基础的
人民注号的 完要团结全体又人 全体农务及和十大
革命知说分子 改造 这些先专政的领导力是著名进
力量 同时要批览 团结广为可非主的第知我的合作
 的城市小资产阶级 民族资产阶级的代表人
物密切的关语分设沿流别 照故于被剿底打乱
国内反动流 团家家口之业势力更连接教业口变成工业
口团结反送依赛儿 互州合作 改 从团结出发对
他们的错误和恶态进门诚恳批许斗要使对他们
达和主义在的矢向敌

10. 至口月生刺冲程字儿主义老家分辨 底不里 建族
 时向根大劲 共国肥到 刘要纪长州 山

很大气力，资产阶级为了夺取建设为力
争取它要依计终要的地去计。困难是利益
力矫的继续，以致反抗它直致到。传统
不断进攻继续。斗争说不能再此第2发生
话继续产产生。因为新人民感谢那的资产
阶级也会卷土重来，敌人的'力是不能征服
我们的，这点已经论证明了，资产阶级有种
种的多种种征服我们队伍中的意志薄弱者。
就有这样一些共产党人，他们是不愿投枪的
敌人征服过的他们也这些敌人而有害力说
英雄称号，但是绝不要人们用糖衣炮弹让它
他们去糖子革命有害要打败仗。相反的我们
应该予防这种很诱奋致自己陷到，这代是万里
长征走完了第一步。如果这一步也值得骄傲
那还比较渺小的，更值得骄傲还在后头。再也了
九十年之后来看中日民主革命革命的胜利，就会
使人们感觉那好像那只是一长长剧的一个开头儿。
革命剧是以现从序幕开始的但序幕还不是
高潮中国的革命是伟大的但革命以后的路
程更长工作更伟大更艰苦这一点就必须向

党内讲明的各地级同志们保持康健
谨慎不骄不燥的作风 各地各同志的谨持
四书春马的作风 我们有批评白我批评是到
主义的武器 我们能够去掉不良作风 保持
优良作风 我们能够学会把一切原来不增有
东西 我们不仅善于检坏一个世界 我们还能
够建设一个新世界 中国人民不仅可以不向帝
国主义气讨话不去死马 还须注的比弟口气
要好一些

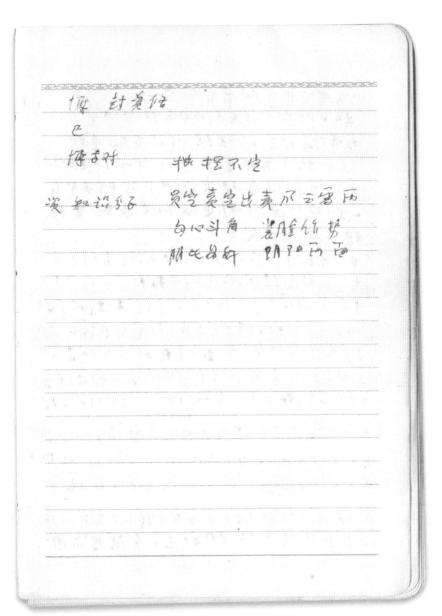

参考资料关于毛主席不脱离一文

中元日时期从北京到西安居住 闲居无事
特奇对当地亲友谈注 听说有趣些参观
的形势去前无方法内容 又听说毛主席
看资治通鉴 我很高兴 因为我脑子里有
一部资治通鉴 封建的历史 这就是我
很高兴的出发点

日本投降在在北京四八年我就看到毛主
席的词同看北国风光一词我报为气魄毛主席
主要在词的后半节比以的更雄毛气魄统一
的而且看今朝一段仿佛生来关于封建历史的我全国
毛主席任人民政府主席 五三年我把所业搞李白
上阳台纸墨迹呈献给毛主席 因为李白七七浮庵
雄北西会经毛主席的产悦 内有工作到北奇搞
任人民政府主席都在北京市队盟小组会上说
毛主席任人民政府主席大家没有话谈刘少
奇大家对于他没有印象经政府主席我搞不
这以去说明我拥护毛主席其实我与工农兵以热
心热血热情热诚拥护毛主席毫无不同

工农兵是从阶级立场拥护毛主席，我是从封建主义拥护毛，不推不倒，夜而险险走到反面

毛主席最新指示 历史经验值得注意 一个路线一种观点要经常讲反复讲 只给少数讲不行 要使广大革命群众都知道

反复学

对毛主席这一指示要经常学 只学一两次是不行的 对一个路线一种观点根据历史经验不断的学才能知道

毛主席在七届二中全会报告重新发表 这一具伟大意义的时代的马列主义文献 鼓舞了亿万军民

我过去对七届二中全会毛主席的报告虽然学习过 但没有深刻的体会和认识 没有认识到是从新民主主义革命到社会主义革命的一道红线 没有认识到是整个过渡时期反对修正主义左右倾机会主义的锐利思想武器 没有认识到是社会主义革命和社会主义建设的伟大纲领 没有认识到是毛主席高瞻远瞩英明的预见

这说明我学习的有多们不够 步行落后

人民日报、红旗杂志发表的社论，阐述了建国以来两条路线斗争的历史……在政治上、经济上、文化上反革命……毛主席无产阶级革命路线的道路……新使广大人民群众提高了觉悟……

……检查我十九年来我走的是哪条路线……课……

二〇年来是……一年我在燕京大学中国艺术史……而讲的课是中书法史中国绘画史……从……无笔开始甲骨篆录真楷行草而代……至清末为止。绘画自象形文字开始人物山水花鸟……历代发展变化……绘画也说礼教宗教……但都不出封建主义范围根本不符合毛主席在延安文艺座谈会上讲话的原则……文艺批了……宣相而用的教学……

王一平北京市成立市……联第一次会……友起人会……加……开记者要我写一篇文章我写的内容说……时代有人格之不同宋代有宋……明代有明……

有些人又说民族传统文艺是人民创造的
你尽可以进大肆演的势力应当对其和进策 这是
人性论与无原则的接受封建遗产

（四）去三年来批水墒 给毛主席上书请求政府搞
教或或保存各扣民预佑统文学艺术 吊坐不是
我发动的但我也签字字这我挤签等泥狮墒
签字名我是也不赞成批水墒由上而给人我立的
机构的主情但我也希望自化部站我立机构
我参加共中起一个作用这仍坐是无意的接
收封建文艺遗产的企图

（五）去二年我立北京挥艺研究批李济深任理事长
我任工理了董总王事挥艺以围棋为主围挟在中
国友源很是全是封建士大夫独当的音乐 的王纯
诗张——照口面刻右信毛日本九在日本八九得国
挟击手挟批进对挟一局每人我音级物束八石毛色
一千元成了资产阶级独有的艺术在中国工人发民有下
象挟的绝不下围棋的 高的围棋对局坐从学箪
下到晚闲用磬天的工夫不是劳动人民的艺是封
建士大夫用收消磨光阴的艺术

（六）五二年我我立了京剧参考艺术研究批 完全其挥

的帝王将相佳人才子剧目保存世亥老艺人派
班一载不变並且持支旧艺人演出坏戏增加旧
艺人保守思然阻碍了京剧改革进程

7. 太一九四九北平和平解放在民盟特调沈钧儒等送
信章给的部到了北京我十知道民盟内部沈钧
很多进认识伟东荪罗隆基等略崇诉认但不
够接触与沈钧秋接地 又北平未解放前北
平市民盟临州工作委会是由伟东荪组织主任
委员是吴晗（源北平市地下工作）我是委员之
一北平解放后吴晗回来改组北京市民盟
委员会吴晗任主任委我想置身了利不愿
在伟东荪吴晗争权之间发连累我在军言委
员便选又从生不与吴晗来往 此上所了说明
我不是阶级斗争而是阶级调和

8. 去三年春来到北京中国画研究会被为理事之
一九北京海开第一次画展我也展出一幅画的红
梅搭说前被一个外国人买去认为有古老风格也这
是不合于工农兵的艺术违反人画我对国画工作提
尚刘宋元笔去是不易改但服务的纸笔术又光
又三年春某西成立北京古琴研究会我也理了之

9. 古琴乐为奴隶商时代 为封建时代 廊堂乐 篇 原点
　　　　　　四项　　　　　　　度

封建出入職七自賞之外 崇如王晚myself 这 惟一棚些）了
如 那营中京剧社营乐 继 士剽营乐（治明来京延
管 营乐 如之玩付于 苏南 成为荒登京教欣喜之营
乐 兒行挑花店红楼曾）与古琴 会在先业除积自绪合
来悦喜了管如了封建时代 营乐

10. 五六年成立北京中国书法研究社 由任任伊主席管在
北海开现代书法展 党包括北京上海天津广州及
西山东侧 大西福建甘肃地 书家並在华商学写意此.
还在北京举办北京中学生书展师在这个起着 这
都是教文字以方言 简化字 的总是为封建批付 遣
辛作了宣担

3. 京业银行公私合营比其他工商业早我与盐业银行
经理王绍贤代表盐业银行任公私合营银行并
了解 所有盐业银行的股票 由于家庭生活营债和在上
海被迫迅捷 又涉大临傍军御架的损失 和贵书面解
放前已经没有了因为与盐业银行的历史先系代表盐
业银行 放款所没收的股票 但未公私合营 当作
财产 并 没收的股票 须归入行有 至红贯此 化

的股票两万多的的名字注册宝纪贤萧垧只
那一个人代表整业银行在公私合营银行董
了整体财产这是以后的送与我声的没有话
予退些当时人民银行负责人进谈人同那说你希
我继续董整业股票估使一万才值八万元我以
八万元买一万股票即有经董了资格

十一、苹果省博物馆的许多北京的的书画国宝去辩古
代书画不轻易借于省博物馆遂向私人收集本代
如遇者收购价格上按实去辩而此外有利十化度
货回究资财且为资产阶级收买不送了机会甚少
明戴进山水的见即探寻杜译考月合究察介
月合究就与故宫博物院所要收集者而收归当
馆先展览方面不是为工发共服务而我宣扣吗

封建文若在保管方面皆馆仓库设备是到优

于故宫博物院这是从个人主义出发说明我孤
收的到那批了乙政之义的馋进

十二、辛亥以及了自有毛笔文字至清末止的历代书法展
说金毛主席各弄代书法家并未考定即展也无主
席的字籍扯收者为现代实用上的书法发展点

六二年約三月底四月初樂摶庵約青
大于省吾等在天津去博物館大擺聚會一
次也沒聚會沒有什么意義就是一般聚會經
常這個時候摶庵館作研究員自六一年七月二十
日前到長春前后在長春時間也只有兩个多月並不
熟悉踪我看过于省吾院增彼等一次章榮堂院
的地也因看我一次外單彦藏寫經祖畫的
寻住在什么我當不知道他們这一次聚會不
是我通知的可能是左館聯絡主正週時他們已
經知道樂摶庵約在这一天歡送吾等教師的是
歡院主通知的这一天中飯后歡院是王院派
子系天牧李延松金乾過書遇請回省我和譜義同
在自由大路上火車到了博物館

黑七年管管對革命群衆對青張強说吾右大
右大字扣
我當注釋一个这是翻案原我當寫了托計
这說叫我不扣借群衆
學子扣年会沒治什

来作为表说明展出而在剧目中还展出了知明
来检的宣传成太平天国创了手管国藩的字
这次展览的封建书作这辛作了宣扬
二年么二年间曾在老大的词学在觉投艺李省
美场讲书读法也是宣扬了封建的文学艺术

　　　　在战校皆政谱演京剧

么三年：夜因我剪辑排练友愁未难元四年春节
作一首绝句用来敬宗词谱盼望张刬东风
把银吹四去来播告越奋而放到王国域的我
呈诚过结果工作的处七竟先全不同而时我更不同宗
敬宗的时代是两个胜兮战争的时代我的时代是
毛主席领导化万年民却们利的建设和念去也的时
代而邦这无异笔墨无病口中心等对文艺的立先专肌
每的原列之学之千室

么六年八月在传膏铲隐斗会树想这次是武斗形式
又接着我化京住宦般抄家往不住鲁骆蒙尼了
阮仮本顺作了两首反动词以为文化大革命运动是
些由两多裂竟把江青组表他作因后来读毛主席论
文学艺术全书里面毛巳说的将来者文化大革命
恨恨万分是我一生最大惨大的生载了

今三年已六五年我到一矢計連老詩子和
計連学本于省會方十余人他了五俟春個
乙씨氏內容都是四四的第四九是書的
答案有一万多之多 在文她大
　　　　　　　　　　　　　　　　　　革命哥多的一
這种书的都愛了毒素 林計連学大
　　　　　　　　　　　　　　　　　喜帥

　　　九

六二季四月我移居东一昔会室大于省會宮逮辘
莘炎宏車 嘉化于度用化学硏究所敗附硏与宮早
如常即我那里看谷山阁說我田杷趴色人傘
所知元汉合百讯逆恢車詢西考汉敦閑故了
何俗阁见佾写一刹而可成一岃料笔沘長的
表第一堆于六二季相写完院于省晷多外逆阁所
因所宮結不約院于吉晷名外逆丞纪北京君计連卷
逞老子家庭于十月宮完

　　　第一尔

香衣裳　紅绸5彩皂1を
香：女诗
化粧

家书进步诗钟

28

在生活上此在原在毛泽东时代，士大夫旧生活与一些封建余毒要饮请润春日看牡丹赏芍药新中秋玩月重阳登高饯秋春纪荣除夕守岁或约同亲诗或郊外游览或集会竞吟或到南亲而来晤西者忘过郑唱和在社会主义中还象六十年前之岁月情景到了何种地步

五三年我爱人潘素与北京老国画家合画册页祝毛主席五九大寿献毛主席春节贺略礼物一个普通妇女乐当代毛泽东列宁伟大世界革命人民伟大领袖这样的思德是一毛比货想不到的要今发晚建给干的简述珍贵保有我五三年呈献给毛主席庵李白上阳台帖蒙主席命办公厅赠予西信我到人大泐在毛主席的秘书在文物高龄定吉语说伯伯翁画是有功于国家给我关怀虽祝安党阶级斗诤争诤的教当毛主席这样的著注述说明毛主席是最红最红的红太阳不论那阶的那阶层的人只要拥护社会主义有一点稍小的表现或劲那毛主席的阳光就照给温暖怎当如何感激涕零但是我是不是站在毛主席引列主命统线上

我是幸亏了毛主席的伟大宽大
的政策 十几年来

拥护毛主席不是拥护我以上一系列的
罪行是站在叛徒内奸工贼一个劳反
革命路线上而所作所为都是叛徒内奸工贼
修正主义所包括的反毛主席阶级的罪行，西
教起来使我也自然在当我死有 西是据书
来教育的所
工作到所有
余 幸不怕稍恨我已更恨叛内奸工贼 争
青的学堂跟使我也认检查我十几年来
不是拥护了毛主席而生活时毛主席一系
列的毛主席的 毛主席你说话各有改死起允许思
首新作人有自己的能都让之争
最有力和战激毛主席的教导和军工等是
革命群众的帮助

人民主主方法　一、另方一条路线
　　　　　　　二、沿湾口人能异
　　主权问题　结合空明而
　条路线手争也论 中肥又
　人能另一切礼论

軍工宣抵隊的小組革命群衆把我放到群衆
中監督改造使我脱離鐵窗又嘶呔免掉我的罪
行大衆然来到學習班接軍工宣抵隊的小組革命
群衆的教育對自己的罪行有所認識但對學習改
造不能説滿意这是軍工宣抵隊的小組的好的革命群衆
衆執行党的政策把我经前接受这使我對党
的政策更为堅信我在群衆監督改造中必須
认我是有罪的人更需要按要求自己向毛主席
和革命群衆低頭认罪不能忘记毛主席相信
群衆相信党的教導努力加強学習改造遵
守专政小组一切规则誓快的在军工宣抵
专政小组革命群衆帮助教育下做到
毛主席路线上来重新做人

階級性　　　　人性

堅定性　　　　摇摆性 反复性　兩兩派

斗爭性　　　　自私性

字挺廉想拿走陪事事
複制的　王劝未拿走


　　　　　　　　　送画　郭沫若郭蜜：
　　　　　　　　董老
　　　　　　　　　供文蠹芭


六三春节飞去北京　六二　当文睇读
回去故宫　　　六二十月去吉林市
到我示知道　　六二　叫我带苏奔
答後鋪　　　　　的绿帝
贻祝　　　　　六二　叫我许于去奔
　　　　　　　　　说教王绶群
　　　　　　　六二　年底去者馆店
　　　　　　　　　清吃饭
　　　　　　　　　　送钱

（一）拟开古代山水花鸟展 接待国
  项子京花世

  十一月去沈阳参观辽锦古代法书展
    参观宽殊画 参观沈阳故宫
  王说辽锦收性情 不好非求世
  与沈故宫接选 需要锦加，其代书法
  展 十二月份来北京收购古画纪春
  三方元 要有一个月时间先与郑同路
  叶简易 去北京首接王方学一封
（二）去年春节后接王锦一封 （三）二月四辰春
  叶本画完美 有金 去法展筹
  去求小史去辑安 老巨锦隆去王去
  年说接 门利去弄果纸长 去观卷画 如
  大王评去小域 四果选 文物画审 去画小继
  到展 那隐审查 王锦四事叫女 以继隐去辑
  安 是到锦接 参观卷画 卡加 通进 四果选
  道化宿去事接选 王与收接 金叉好得画 可以
  印生画集 侯去到画去有三项有件 侯去展金
（三）学术年会 要册生接例会 春游精印去野思
  段一美华荣弊 大蜡 美乡首 于西方美人
  可说卷传锦籍 锦历史（字）窗怀
    春节后去北京

点三　表大字报

　　　他欢迎群众写大报

点七　　我说郭生毛主席手送去一个字电

　　　　革命八个组统合保


赵俊马生　颜兆军　省鲸　侯朝荣

薛素之慧兰　颜属是

蒋延和家　张安世生

翠庆虎蓖以考古家意继岿出画于家自命其实是半瓶子西首程之是动声影人的文字改换一下希望能登在些考古刊物上于岩晋曾说他考古方面的造诣还不如研究生收卷出画是有费要性质的他说长春和又收美生的画的人家宋拓竟没有不去进的也就是他都去过了二年九月里就让博物馆有人来找我说这时我以此黄宝古祭带来一些出画要卷送收我说不收的出画里说让馆收利送收几件这时草友鳞知道生了他送来他的王石谷山水卷想卖给宝让馆但我不解同里说让说这卷画买卖要钱只有换去宝去卖的画一般四里说馆自送结果里就让馆也没有要又我有一卷文证明双钢兰花卷是宝去当铺最卖给我的价三百几十元其卖是真迹天津博物馆曾见到要买绘价一千五百元我去

韩鳞先生到我家

黄带东来看草庆鳞看见这王石谷谱以一千卖去比卷另拂曩方五年又说于岩晋来找要换我的这元獒花乌卷这一卷里没有文证明的竟亮大但外表

是故宫侠失品

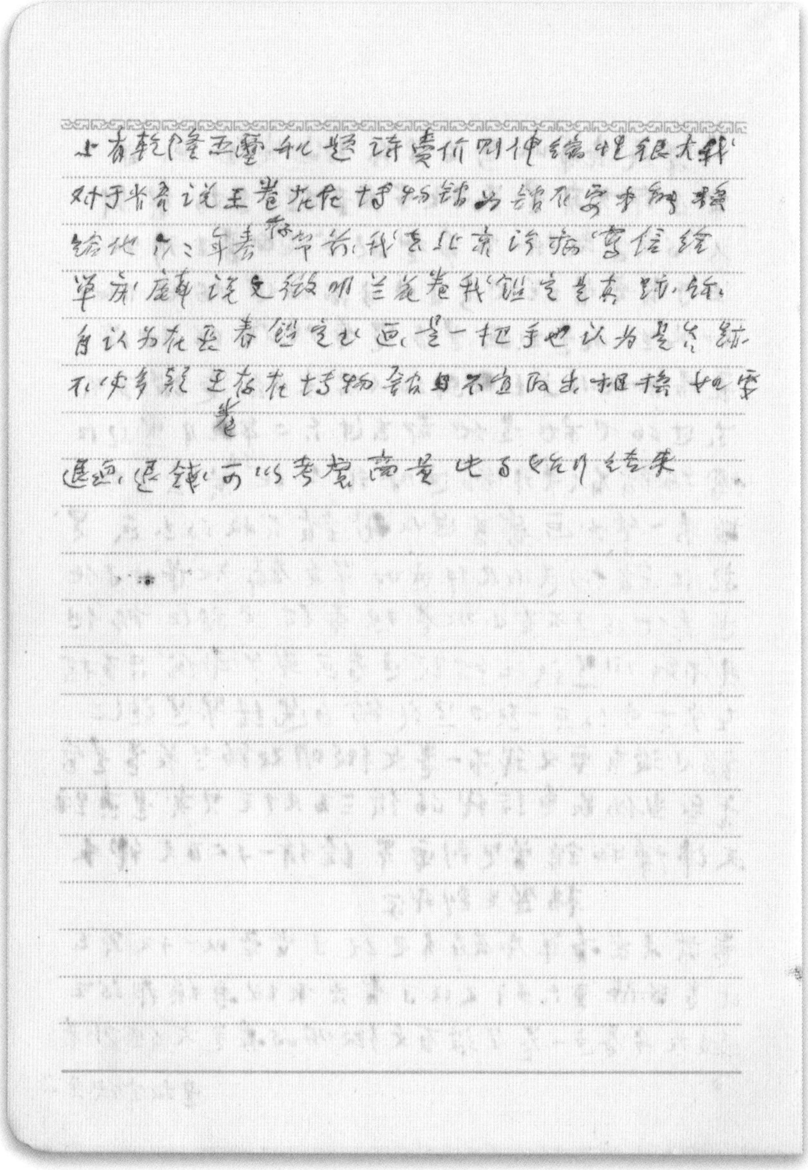

上有乾隆画璽和題詩 賣價則伸縮性很大 我
对于省委说王卷存在博物館 與館不容易能換
給他 六二年春節前 我去北京給[illegible]寫信給
单庶庵說文徵明兰花卷 我鑑定是真跡 你
自认为在長春鑑定書画是一把手 也认为是真跡
不必多說 王卷存在博物館 自不宜拿出相換 如要
退画退錢 可以考慮商量 此事如此結束

我在来到学习班已经三个月了，要以六个月来说，治三个月更要注意更要认识认识检查自己的问题军之省和革命风革改 对 对它先人宣传党的政策要它先人认识自己罪行 对待自己的罪行使对抗化为非对抗性对待把它先人领到先明大线上但是还要依自己走以所问论六个月是这二不多的反省改造是安排的一直到死讲去我思想里以为我年老可以不象青年那样罗木思 在学习段要尤尤止良种思想是很坏很大对改造的阻石是走者有坐吃等死的想法更是反动的思想资产阶级知识分子有待于思坚定反革性是七不能奉质工农兵的立场坚定不移海产阶级知识分子要说共兵的教育主要的要常职工农兵立场问题

这涉及界观这种思想

武를 屈辱 曾經逃跑又与領現人爱的"救我管
写材料之类受到他的反面教育但是我占勇于改
诉深 行勇于檢改朱行軍工登对于专筆绝指干
斗争善于体的也为军工是北革命群衣 就把他
不放到群衣中去"马鵬襄隐差二十年還花社群
务事多取于交待出来 他们都是受到军工宣和革
　　　　　　　　運工宣革命群衣就把他不放
到群衣中去"

衣核育有色样立笒見行动 军工宣就把他伪不
放到群衣中去 便人认诉到军工宣和革命君衣
是批川發的政策更是立笒見影这是科"十二月
十一日晚在小组会上计给出版社报告写鵬襄
了的原话

最近在學習班件的报数

一、阶级性 毛主席教导在阶级社会中
　一个人都在一定的阶级地位中生活各种思
想无不打上级的烙印 资产阶级知识
分子则具挟投阶级性而讲唯心论的
人性十五月因为○○○拿板子受到领班人受批评他
不服在以奇与王大缝的累认为他是产高人吳4老
山居强这种无论是错误的毫弱无性论上共
某○○是反偷组织国民党当当家員要政派影
从的性棍还表希清记是在无产阶級社合主
义的一定时期也是不够在在的中也要情
阶级性烙印　　　　这种阶级性烙印
成或野兒变师在学習班这种职業的阶级
性系實出来就要受到批判兒纯洁减变
身变就说明不是人性

二、坚定性 无产阶级本有的坚定性所以工
复兵高于革命物旅 资产阶级知识则有
摇摆性与反复性这种摆性反复性就发展
我两商派濱产阶级知识分子花认识问题上不
是大误在他的罪行上也不是否认识就是在路上
不动在站进来的立塲就翻明复態重复过

锦州说的一套做的又是一套这是资产阶级
知识分子坏的本质我在学习的2个月体会到
军工宣传队用毛泽东思想的显微镜透视
镜把什么都极小的前额的都鲜明看见对立一了
某一人情：董军是资产阶级知识分子成为
放军知工人简单花化的面前需两面派手
段那是幻想还是毛、奠接受阶段遵号为
无来我看段一平的言行就是两面派的
我爱到敌害

三、斗争性。毛主席教导阶级斗争一些了
经验现了一些阶级活雷了了工作就是斗争
无产阶级坚持真理与小资理斗争正确的与错
误的斗争。资产阶级知识分子缺有软弱性不
敢斗争怕家党说先考察到自己不敢批评人
就是怕人批评我这是从自私出发我就有软弱
性知晓晚揭发一平的盖子我就不敢先揭又
友王明治造报的先揭了这时我认为王治明就
比我好我才揭发一平的盖子以上我认识到
人性摆脱性反复性软弱性是资产阶级
本质的坏东西我都有是我改造的重点

敢于斗争不敢与斗争是敢于革命不敢于革命
的问题也是立场问题有界线实代更说那
接受不在当怕那花费工会和于的小组的言
吹嘘

不得到很大的收获


五七年春我与北京劳刻出版社题问出版中国书法
接受

欣後一志内容自毛笔开始有垫扌未刻的甲骨同
鼎书溪木篇三四语以致情苍绿印书片　　殷商图美
历代以付发展简等的说明书北京美术　　　墨水
出版社领付稿费二百元至五八年写完稷言出版
社

...年三月在北京与某接，见面面谈路线

根底说你不是搞...的你是才子佳人之流

我心里很反感认为 宋振庭是我的死党

其实才子佳人是我走阶段斗争路线看不见的

浪漫风而已 在两条路线斗争中讨..阶

级是属于哪个阵线的 当然是属于 内部工作

...在...路线上的

前几我听了向...的检查我认为根本没想

...提意见，见我就提不出来应当听我的

革命群众提意见都提到细...提到两条路线

斗争上如何忠于毛主席革命路线...根

...对刘少奇

反革命路线如何...到无产阶级专政 二..化大

以说到革命群众运用毛泽东思想武装自己，政

治觉悟大的提高了无比，社论以毛泽东思想统

一指挥才子佳人够有毛泽东思想吗 才子佳人能做

到五个统一吗 多少年来我背着才子佳人的包袱现

在认识到才子佳人专了职的东西

癸壬
巳辰

六一年十月二七日晚我車到長春住在宿舍裡搬
到所高業等到招待所看我我不在招待所
没有見到面　第一次見到高業約期叫宋振
庚同我在戲樓演劇迄一天在午飯後兩点
的时间有宋振庚在旁以宋振庚不紅田沿
有谈什么話主要如在此區拨選城的身段為
此也在那里比區丑角身段约末看也先是说晚
上来掽堂第二次見面在六二年三月甲句宋振
庚同高業一同到南湖開會選出鏡月灣說花
早長

这时東北文史研究所已成立要调我去教課宋振
庚对着高業說萘萘敏要紅”倦冬要调犯去教
課我没有答应单课了吗　高業就対我说
不要去東北文史研究所吉林省方的望了捨
我没有说话汽車是个旅门車高業的爱人也来的完
出门上車同去的还有王老孫滑高老來上机走鏡
月灣没有同高業谈有关什么问题诗
以鏡月灣四到南湖碰會宋振庚高業都没有下車
我听着霎连说宋振庚要我仨付铭長西三内
我去铭宋振庚正同疑囤说我住纸铭長了（我

台凯（涧闫意办公）等宋括定出来在我才进会
而无店南业束鉻（地指是在旦冢就办公会
内与高业闸别。我也说他已我未级去我花
什锁吴的爱见我说我听分跟高业说那
就时局里发表了亚说在没在王冢礼之前没
有说抓那些工作的话。六三年元旦前一日除
夕在营备聚分宋括定高此都去了人很多没有说什
么话。六三年我在管跟挍学期十一月结业后王就
就时我会 文化局看普业苏迢的旧彤'之给
318

的三月我去文化局见会余排象迎世
二十闲年魏双找所贸贸的京剧音韵是在我省
信给高业讲西林记忆乱情

是演的会传话

比颗老集迎是由芝赅

剧音韵看新没有音业说

意郑又何他我曾的京

新册左劳可以不过流

没有说新册左赛业说

普营智在及个人里许是乎

他不大忘何美迎的营志了

左歇迢跑银纸相见郑说我

收见到了高业说他各

世未花后未郑自己又去一

高业美农女他号又未灵东

六四年元旦報曾到 高业团方芝宇
先松亭到我家我去回拜先松亭隨後到结
春业記但高业睡着是他爱人把他叫起来的
說春业不大辞职見面没多说话谈谈近况也
先松亭说我来拜年我就去了 以後没有見到
面

　　　奉逄空气

我六一年十月回来到長春 刘西林曾到拖拉
所看我 (是委王亲礼陪同去的也许不見) 刘西
林对我说溥儀在长春招谍你在任务长庶上保
与左戏接闷宝授是演剧在含安府内培有见
到刘西林晓向刘西林是否忘春也不記得
第二次见西是在春城剧院看排 (演王蕗剧本
未坐在一起) 因匆匆排時也没有坐在一起 刘西林曾
对说我不知道你是有名的人物我向他怎么回了
他说他看见合肥縣志偽文史资料里面 说我保是
袁世凯的女婿我说是远门 親感 (台江政协等
文史资料这一段是先年京乾等的因一九四八年

租借颐和园 袁世凯的妻子袁克定也
住在

住在颐和园北平和平解放后我迁出袁克定
他迁出还没有地方住定时暂住在燕京大学西
一个旧园子里把袁克定接到旧园子给他安置
安置一下我已记起想不起来,进那屋房他
坐是袁世凯远房哥:的袁婆 袁克定我不知
说当时袁世凯的分野)

東拉走东的电行李兹桥指着说两条路线
是党内的事我说普遍个人一样的以结合两条路线
是站在利杀结练柱杀结桃说说後有你吗那
这就在争南时代来说也是反任的李兹桥说
你是不是复辟主义一说复辟等于我说复辟
资本与反旋资产阶级革一有所不同一些话是大
狗咬小狗那说实质上是大狗咬小狗什么反旋
但毛主席不是这样说说毛主席说
是民族资产阶级有反动性一面还有 当也同力
革命性的一面有动性是革命的等命 所说在他的
性是革命因己之在地限制两有生的指
着说我查查 资阶资本 不话不应当不指没别人的我
即承认查查不好不再说话

224　　十二月十三日上午十点二十七分我去文传

李越桃偷看我这一册个本内容 写的以纪事为群。

众可以随时拾起我的本子但李越桃不意说

偷看

十三日十八号 4、5 4、8 在陵铺病病

批判刻分奇诗内印君 下是有石坐 吃麻龟 喝水

七时十三分

毛主席最新指示 十二月二十一日

知识青年到农村去接受贫下中农
的再教育很有必要 要说服城里干
部和其他人 把自己初中高中大学毕业的
子女送到乡下去 来一个动员各地农村的同
志应当欢迎他们去

1. 备战 于大批误杀的错成为我斗人员
翻情反肥教授口会使其门入大海干净
游成之

2. 备荒 增加农业生产和工业原料 发
展林业 水利 牧畜 防早防涝 各种业
务

3. 肃清划分～读书的贵青素
扳转的好工切利

4. 与贫下中农相结合 爱教育作反修防修百年
大计

5. 缩小城乡差别 减少城市清美不劳率的
人口

6. 在文化大革命中 就是改革不合理的规章
制度 就是改革对建设社会主义不合理的
教育制度

儿子吴柳溪 现四十多 全日月党制政

就在石家庄工业局工作 女要〈お医务了工作

石家庄市市会时干部以放当前

国家大亊　不是那一人那一亊

进一步　解决脑力与体力劳动分歧
　　　　　解决城市人口与乡村人口差
发扬生产力区缺
　　　　　江山不变老色　根本大亊
世界革命进一步发展　根本大亊
培养无继无产阶级接班人
进行培实　是目前大的形势
培班　是指毛泽东思想的班　不仅是干部的
接班人

如如不考虑 1、四类分子

2、不四类的分子

3、四类都有都按當居民小组管理

4、第十六次写一些材料

5、进行案抓 四类要案抓

不四类也要案抓

11. 28、早、王大维　　女客一

小組天程十二　　　　　9.21.

　　陰雨衣　　　　　　采写看硯

彭元誌

　　　　　　　　　　11.21 星期四

　　刘崇俊　　　　　两个月

　　時悄峻　　　11.23. 10.4.

博物館　文管处馆　　9.24. 污古丙

电影台寸　北岭公司　10.24. 诊病

荃建队　文化服务社　11.24.　高石付

　　　　　　　　　　　170,90

　　　　　　　　　192.10 廿

夾剪　鑷子　小鏡子　手絹

稿　二三十多
信封　四五个
纸包塊糖　兩包
烟卷　长盒　帶錫纸的　三种　一种兩盒
餅干　三包

癍面一子　净瓷盆

头巾一搭豆盒　三种帮编绒
　　　　　　　　的

糖纸二十张

小纸包果糖一包

信封四五个

手纸

　　　　泥子红绫衔子笔

饼干两包　　红绫衔子

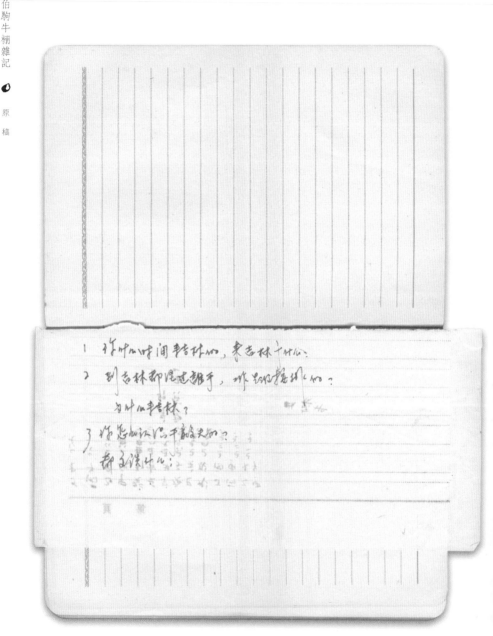

其集

丁　丙　乙　甲　癸　壬　辛　庚　己　戊　丁　丙　乙　甲
未　午　巳　辰　卯　寅　丑　子　亥　戌　酉　申　未　午

# 毛主席最新指示

历史的经验值得注意。
一个路线，一种观点，要
经常讲，反复讲，只给少
数人讲不行，要使广大革
命~~命~~群众都知道。

## 热烈欢呼毛主席最新指示发表！

第101大队

毛主席最新指示

一个人有动脉，静脉，通过心脏进行血液循环，还要通过肺部进行呼吸，呼出二氧化碳，吸进新鲜氧气，这就是吐故纳新。一个无产阶级的党也要吐故纳新，才能朝气蓬勃。不清除废料，不吸收新鲜血液，党就没有朝气。

省市文化系统毛泽东思想学习班四大队

10，15

# 張伯駒簡譜

1898年 一歲

原名為張家騏，字伯駒，後以字行。三十歲後號叢碧，別號凍雲樓主、好好先生，又自號春遊主人。

1903年 六歲

過繼給伯父張鎮芳，後隨嗣父移居天津。

1906年 九歲

學會作詩，詩作被收入由張鎮芳、馬麗軒等組成的「麗澤詩社」所編的《麗澤社諸家詩》中。

1911年 十四歲

就讀於天津新學書院、政法學堂。

1912年 十五歲

張鎮芳由署理直隸總督轉任河南都督，再隨父到河南開封，並入河南陸軍小學讀書。

1914年 十七歲

是年，隨父到北京。

1915年 十八歲

考入袁世凱創辦的中央陸軍混成模範團騎科學習。
同年，張鎮芳在京創辦鹽業銀行。

1917 年　二十歲
中央陸軍混成模範團畢業，到陝西督軍陸建章部任職。後，陸建章下野，返回北平。

1918 年　二十一歲
任安徽省督軍倪嗣沖所轄蚌埠安武軍全軍營務處提調。後安武軍改為陸軍，任長江巡閱使署諮議。
同年，任鹽業銀行監事。

1920 年　二十三歲
倪嗣沖病故，長江巡閱使撤編，張伯駒去職。

1921 年　二十四歲
被張作霖任命為奉軍總司令部總稽查。

1923 年　二十六歲
二月四日，因京畿水災捐獻鉅款，民國政府授予張伯駒二等大綬嘉禾章。

1925 年　二十八歲
完全退出軍職，任鹽業銀行掛職常務董事兼總稽核，開始在京、津、滬、寧四地分行走動。

1926 年　二十九歲
張鎮芳當選鹽業銀行董事長，張伯駒當選監事，

1927 年　三十歲
徹底脫離政治，寄情翰墨，在北京琉璃廠一家古玩店內收藏到平生第一件墨寶，即康熙皇帝御筆「叢碧山房」。康熙朝任丘博學鴻詞龐塏號叢碧，此或賜龐氏者。因張伯駒所居處遍植蕉竹花木，便以「叢碧」為號。

1928 年　三十一歲
跟隨京劇老生泰斗余叔岩學習京劇。

1930 年　三十三歲
李石曾以法國退回的庚子賠款創辦中華戲曲音樂院，該院內設北平戲曲音樂分院，張伯駒任院務委員會委員。

1931 年　三十四歲
盛邀梅蘭芳、李石曾、齊如山、余叔岩、馮耿光等組織成立了北平國劇學會。募得各方捐款五萬元作為運作基金，張伯駒任理事。國劇學會成立後，因為經常有演劇和教習任務，張伯駒又多次得到同梅蘭芳等名角同時登台演戲的機會。學會成立的同時，決定創辦《戲劇叢刊》和《國劇畫報》，以出版編撰相關京劇研究的著作，進行京劇藝術的傳播以及戲劇史料的搜集和整理，《戲劇叢刊》僅刊行四期，便因經費短缺等多種原因而停刊。

1932 年　三十五歲
與潘素在蘇州結婚。

1933 年　三十六歲
張鎮芳在天津病逝，享年七十一歲。

1934 年　三十七歲
是年春，隨著名藏書家傅增湘赴西山大覺寺賞玉蘭和杏花，自此與大覺寺結緣。後與傅增湘相約，二人在寺門外分建「北梅」「倚雲」二亭。

1935 年　三十八歲
六月下旬到七月上旬，湖北淫雨連綿，江、漢並漲，荊江、漢水水位超過 1931 年紀錄，沿岸堤垸紛告潰決，五十八縣市被淹，災民達七百餘萬人，襄河流域各縣災情尤重。為救濟同胞，北平書畫文藝界組織賑災義展，所得費用捐贈災區，就是在這次展覽會上，張伯駒第

一次見到西晉陸機所書《平復帖》。

同年，張大千與其兄張善孖赴北平舉辦昆仲聯合畫展，張伯駒於此次畫展上結識張大千。

## 1936 年　三十九歲

愛新覺羅・溥儒的大哥、恭親王愛新覺羅・溥偉病逝於「偽滿洲國首府」長春，為籌辦大哥的喪事，溥儒將家藏唐韓幹的名畫《照夜白圖》出售給上海的畫商葉叔重。時在上海的張伯駒聽說此事，急忙給主政北平的宋哲元發急函，申述此卷繪畫文獻價值之重要，希望勿讓葉叔重賣於外國人。最終《照夜白圖》還是被葉叔重攜走，並把畫作轉售給英國人。後來，此畫又從英國人手中轉賣到了日本人手中，最後又轉賣給美國人，現在該作品被收藏於美國大都會博物館。

## 1937 年　四十歲

三月四日，張伯駒四十壽，於北平隆福寺街福全館為賑濟河南旱災義演，開場戲為郭春山的《回營打圍》，依次為程繼先、錢寶森的《臨江會》，當時因梅蘭芳未在京而請其高足魏連芳演《女起解》，接下來是王鳳卿、鮑吉祥之《魚腸劍》，楊小樓、錢寶森之《英雄會》，于連泉、王福山之《醜榮歸》、《小上墳》。大軸《空城計》中的主角諸葛亮則由張伯駒飾演，其他配角都是顯赫名伶，王鳳卿飾趙雲，程繼先飾馬岱，余叔岩飾王平，楊小樓飾馬謖，陳香雪飾司馬懿，錢寶森飾張郃等。這場義演通載各報刊，一時轟動京城，被讚為「此曲只應天上有，人間哪得幾回聞」。

是春，於郭世五家見到三希堂晉帖中之王獻之《中秋帖》、王珣《伯遠帖》及李白《上陽台帖》。當時恐二帖或流落海外，立請惠古齋柳春農居間，郭以二帖並李白《上陽台帖》另附以唐寅《孟蜀宮妓圖》軸（後來專家又重命名為《王蜀宮妓圖》）、王時敏《山水》軸、蔣廷錫《瑞蔬圖》軸，議價共二十萬元出讓。張伯駒先付六萬元，餘款約定一年為期付竣。至夏，「盧溝橋事變」起，金融封鎖，款至次年仍無法付清，乃以《中秋貼》、《伯遠帖》二帖退還，其餘作品留抵已付之款，仍由惠古齋柳春農居間。

是年底，溥心畬母親病故，為母治喪，溥心畬將《平復帖》一四萬大洋的價格售予張伯駒。張伯駒遂將其在北平寓所命名為「平復堂」。

## 1938 年　四十一歲
是年夏，第一部詞集《叢碧詞》刊行於北平，共二卷，為白棉紙和宣紙線裝本，分紅藍兩種，仿宋大字刻本，扉頁為傅增湘題「叢碧詞」三字，後有夏仁虎與郭則澐序。

## 1939 年　四十二歲
年初，偕潘素去上海，乘船到香港、由香港經河內轉往昆明、重慶，在四川遊覽了峨嵋、青城山諸勝跡後，到貴州見吳鼎昌（貴州省政府主席兼鹽業銀行總經理）彙報鹽業情況。

## 1940 年　四十三歲
是春，偕潘素去上海，乘船到香港，由香港乘飛機經河內到昆明、重慶，再往貴州見吳鼎昌彙報鹽業銀行事務。吳鼎昌時任貴州省主席兼滇黔綏靖主任（兼鹽業銀行總經理）。兩天後回重慶，並順便在峨眉、青城山旅遊數日方回到上海。
是年，蕭山朱文鈞母親病逝於北平，其後人因營葬費不足始出讓朱文鈞珍藏的宋蔡襄《自書詩》冊，由琉璃廠惠古齋柳春農持該帖至張伯駒齋，終以四萬五千元購藏，一說是三萬五千元。

## 1941 年　四十四歲
為料理上海鹽業銀行事，再次來滬的張伯駒居住在亞爾培路培福里，當日遭汪偽「七十六號」特務綁架。

## 1942 年　四十五歲
經過夫人潘素多方施救，最後由上海市民銀行總經理孫曜東借出中儲券二十萬元，鹽業銀行蕭彥和拿出中儲券十萬元，河南同鄉商人牛敬亭資助中儲券十萬元，終把張伯駒贖出。就在被綁架的八個月中，張伯駒向妻子潘素表示：「我所存的字畫是不能動的。」

是年，舉家避難西安，並創辦秦隴實業公司，任經理。

## 1943 年　四十六歲
老生泰斗余叔岩病逝，張伯駒擬挽聯憑弔：

> 譜羽衣霓裳，昔日悲歌傳李嶠；
> 懷高山流水，只今顧曲剩周郎。

## 1944 年　四十七歲
為紀念「北平國劇協會遷陝」，張伯駒主編的《二進宮劇譜》在西安刊
行，由西安正報館印刷發，張伯駒親署「二進宮劇譜」書名並作序，
夏，與夫人潘素同遊太白山，寫有太白山遊記。

## 1945 年　四十八歲
全國抗戰勝利後，由西安重返北平。去上海參加鹽業銀行股東會，仍
然任常務董事，並辭去南京分行經理。南京行裁撤。

## 1946 年　四十九歲
是年，為了搶救國寶隋展子虔《遊春圖》，不惜賣掉豪宅「叢碧山房」
以 200 兩黃金的價格（至 1948 年底，陸續付至黃金 170 兩），將《遊
春圖》珍藏。由此，張伯駒自號「春遊主人」，並將所居園名為「展春
園」。
同年，以 110 兩黃金收購了宋代范仲淹的書法作品《道服贊》卷。

## 1947 年　五十歲
由張東蓀、張雲川介紹，加入中國民主同盟會。此後，張伯駒積極參
與北大學生會助學運動及反迫害、反內戰、反飢餓運動。
冬，曾發起組織北平古琴學會。

## 1948 年　五十一歲
是年，中國民主同盟會成立北平市民盟臨時工作委員會，張伯駒任委

員。受聘為燕京大學中國藝術史名譽導師。

## 1949 年　五十二歲
中華人民共和國成立。
是年，著名藏書家、版本目錄學家傅增湘在京逝世，張伯駒痛挽：

> 萬家爆竹夜，坐十二重屏華堂，猶記同觀平復帖；
> 卅里杏花天，逢兩三點雨寒食，不堪再上倚雲亭。

## 1950 年　五十三歲
是年，購得唐代詩人杜牧的《張好好詩》卷。
是年，出任文化部文物局文物鑒定委員會委員。

## 1951 年　五十四歲
為支援抗美援朝，多次參加在天津中國大戲院進行的京劇義演，劇目
為《問樵鬧府》、《打棍出箱》等。

## 1952 年　五十五歲
是年，經何香凝、鄭振鐸舉薦，以顧問身份到文化部工作。
同年，組織成立了北京京劇基本藝術研究社，張伯駒任副主任委員。

## 1953 年　五十六歲
是年，出任北京中國畫研究會理事、北京古琴研究會理事長等職。

## 1954 年　五十七歲
是年，出任北京市政協委員。
同年，北京古琴會成立，張伯駒當選為理事。

## 1956 年　五十九歲
5 月，將珍藏的晉陸機《平復帖》、唐杜牧《張好好詩》等八件國寶級
書畫捐獻國家。

同年，與葉恭綽、鄭誦先、徐石雪等人發起成立北京中國書法研究社，張伯駒任副主席。

## 1957 年　六十歲
春，積極投入文化部組織的傳統劇目《寧武關》、《祥梅寺》和《馬致遠》的整理工作，並將京劇老藝人們組織起來，成立了老藝人演出委員會。
同年，被劃為「反黨反社會主義的右派份子」，並多次受到批鬥。

## 1958 年　六十一歲
是年，北京琉璃廠寶古齋於東北收得宋楊婕妤《百花圖》卷，故宮博物院未購留，張伯駒即出資收藏，後捐獻給吉林省博物館。

## 1959 年　六十二歲
從本年開始，至 1961 年夏，每週到北京市民盟學習一次。

## 1961 年　六十四歲
10 月 20 日，偕夫人潘素同赴吉林省長春市工作，張伯駒任職省博物館，潘素任省藝術專科學校講師。
行前，寫信給時任國務院副總理的陳毅元帥辭行，陳毅約張伯駒到中南海家中並設宴送行。事後，陳毅給吉林省打招呼照顧張伯駒。

## 1962 年　六十五歲
2 月，由北京市民盟宣佈摘掉右派帽子。
同月，任吉林省博物館副研究員，此後，多次進京為博物館購買古代書畫珍品，使流落在社會上的許多祖國優秀文化遺產得以妥善保存下來。
5 月，任吉林省博物館副館長。

## 1963 年　六十六歲
春節，去天津錄音京劇唱段，計錄《定軍山》、《空城計》等六段唱腔。

同年，主持吉林省博物館工作，並為博物館購得明薛素素硯。

同年，向吉林省委宣傳部長宋振庭提出辭去博物館副館長，未獲批准。

同年，與吉林省京劇院副院長梁小鸞在長春同台演出京劇《游龍戲鳳》，張伯駒飾正德帝。

## 1964 年　六十七歲
國務院發文動員老年有病人員退休或退職，張伯駒書面申請退休，未獲批准。

## 1965 年　六十八歲
將 1961－1965 年間的詞作集為《春遊詞》。

## 1966 年　六十九歲
「文革」開始，被撤銷吉林省博物館副館長一職，並被批鬥抄家。給陳毅元帥寫信，反映北京住宅被抄事。

## 1967 年　七十歲
被撤銷吉林省博物館副館長職務。被「造反派」揪鬥，與其他被揪鬥者一起掛牌子遊街。

## 1968 年　七十一歲
被關進牛棚，八個月後獲得解放。

## 1969 年　七十二歲
向吉林省博物館書面提出退職申請。

## 1970 年　七十三歲
1 月 7 日，吉林省革委會政治部對張伯駒問題作出批示，做了「敵我矛盾，按人民內部矛盾處理」結論，並被遣送至吉林省舒蘭縣朝陽公社勞動改造。當地以不合插隊規定，不予接收，數日後，張伯駒夫婦

返京。

是年冬，赴西安借住女兒張傳綵家，重遊大雁塔、灞橋、華清池，過杜工部祠，登驪山，遊秦始皇陵，每遊一處必留詞作，最終結集為《秦遊詞》。

## 1971 年　七十四歲
10 月 26 日，託中央文史館館長章士釗轉函周恩來總理，請求中央解決其在落戶北京和生活困難問題

11 月 24 日，章士釗致信周恩來總理，提議聘張伯駒為中央文史館館員，並轉張伯駒信函。周恩來總理批示，要求具體研究落實聘任一事。

## 1972 年　七十五歲
1 月 5 日，中央文史研究館擬就聘任張伯駒為館員的聘書，待發。

1 月 6 日，陳毅元帥逝世，臨終前囑將自己心愛之物，玉質圍棋送予張伯駒。張伯駒敬擬挽聯：

> 仗劍從雲做干城，忠心不易。軍聲在淮海，遺愛在江南，萬
> 庶盡銜哀。回望大好河山，永離赤縣；
> 揮戈挽日接尊俎，豪氣猶存。無愧於平生，有功於天下，九
> 原應含笑。佇看重新世界，遍樹紅旗。

1 月 21 日，收到被聘為中央文史研究館館員的聘書，並正式落戶北京。

## 1973 年　七十六歲
將當年所作之詞結集為《霧中詞》。

## 1974 年　七十七歲
是年，鄧小平復出，使深陷文革泥淖中的人們看到了希望，張伯駒特意到榮寶齋買來丈二匹老宣紙，與夫人潘素合繪《大木頌圖》。並寫五言排律詩以頌頂風雨、撐天地的鄧林大木，並託陳其通轉呈鄧公。

同年，眼疾白內障初癒，居家休養，回憶自七歲以來所觀亂彈崑曲和其他地方戲，並戲曲佚聞故事，成七絕一百七十七首，後又補遺絕句

二十二首，定名《紅氍紀夢詩注》。

## 1975 年　七十八歲
10 月 4 日，攜夫人潘素及夏承燾、周汝昌、鍾敬文、周篤文等詞友到訪京西香山腳下、臥佛寺南正白旗三十九號 —— 傳說中的「曹雪芹故居」。

是年，將其 1974 年所填之詞結集為《無名詞》，並將 1975 年所作詞結集為《續斷詞》。

## 1976 年　七十九歲
1 月 8 日，周恩來總理逝世。張伯駒撰寫挽聯哀悼：

> 奠山河於磐石，登人民於衽席，反殖反霸反帝反修，勞瘁一
> 身當大任；
> 建社會以繁榮，措政治以修明，不怠不驕不卑不亢，勳名千
> 古仰先知。

9 月 9 日，毛澤東主席逝世。張伯駒撰挽聯哀悼：

> 覆地翻天，紀元重開新史；
> 空前絕後，人物且看今朝。

## 1977 年　八十歲
4 月，《陳毅詩詞選》由人民文學出版社公開發行，張伯駒得到消息後，親自到新華書店購買，並時常把《陳毅詩詞選》放在枕邊閱讀，以懷念與陳毅元帥的深厚友誼。

9 月 18 日，給時任吉林省委宣傳部副部長高葉去長函，要求給自己在文革中遭受的不公待遇平反，並請求給予夫人潘素退休待遇。

## 1978 年　八十一歲
9 月，中共吉林省委宣傳部批准吉林省文物局上報的對張伯駒的複查結論，予以平反，恢復名譽。

是年，《紅氍紀夢詩注》一書由香港中華書局出版。

## 1979 年　八十二歲

3 月 2 日，北京市政府撤銷其「右派」錯誤稱號，予以平反，恢復名譽。
是年，為懷念陳毅元帥，夫人潘素根據陳毅元帥在北戴河所拍攝的
《觀海圖》照片為原型，繪製了青綠山水《海思圖》，張伯駒作悼詩四
首題其上。

## 1980 年　八十三歲

2 月 1 日至 15 日，由中國美術家協會北京分會主辦，在北海畫舫齋舉
行張伯駒和潘素伉儷書畫聯展，共展出作品五十六幅。
5 月，與詞友黃君坦合著《清詞選》，並撰前言。
10 月，由張伯駒執筆，夏承燾、張伯駒、周汝昌就成立中國韻文學會
聯名致函文化部部長黃鎮（中國韻文學會終於 1984 年在長沙成立）。

## 1981 年　八十四歲

3 月 1 日，應邀出席在北京中山堂舉辦的書畫藝術家雅集，與首都藝
術家葉淺予、劉繼卣、管樺、尹瘦石、啟功、陳叔亮、李苦禪、周思
聰、秦林雲、許麟廬、胡潔青、黃胄、李燕、李可染、吳作人、蕭淑
芳共同簽署「敬致台灣書畫家」書，該信函由秦嶺雲執筆，全信如下：

> 今天是元宵節，我們在北京中山堂相聚，觸景生情，佳節思
> 親，回憶起往年在一起研究祖國書畫藝術，何其歡樂。經大
> 家一致同意，特請各位同道光臨首都重敘舊好，便中舉行各
> 位的作品展覽，共同推動、發展祖國藝術事業！
> 盼覆

是月，致張大千信一封，連同潘素所繪兩幅《芭蕉圖》託人帶給居住
在台北的張大千。數月後，張大千在一幅中補寫波斯貓，在另一幅中
補寫仕女團扇圖寄回大陸。
5 月 5 日至 9 日，中國書法家第一次代表大會在京舉行，張伯駒與趙
樸初、啟功等書法名家一同出席，並當選為中國書法家協會名譽理

事。此後，又先後擔任北京中國畫研究會名譽會長、京華藝術學會名譽會長、北京戲曲研究所研究員、北京崑曲研習社顧問、民盟北京市委文史資料委員會委員等職。

11 月，所著《叢碧詞話》在《詞學》第一輯上發表，並任《詞學》編委。


## 1982 年　八十五歲

1 月 12 日，中華書局成立七十周年，張伯駒偕同夫人潘素應邀出席在人民大會堂舉辦的紀念活動，並作畫留念。

2 月 8 日，因感冒住進北大醫院，後由感冒轉成肺炎。

2 月 25 日，八十五歲生辰。在醫院與前來探望的張大千文孫張曉鷹拍照留念，並作七律一首、填詞一首，贈定居台灣的張大千，深切地表達了對祖國統一的殷切之情。

2 月 26 日，上午 10 時，逝世於北大醫院。享年八十五歲。

# 參考文獻

## 專著

中國美術館編：《中國美術年鑒》。南寧：廣西美術出版社，1989。

毛澤東：《毛澤東論文藝》。北京：人民文學出版社，1966。

李淵庭、閻秉華編著：《梁漱溟先生年譜》。桂林：廣西師範大學出版社，2003。

李盛平主編：《中國近現代人名大辭典》。北京：中國國際廣播出版社，1989。

周汝昌、周建臨：《紅樓真影》。濟南：山東畫報出版社，2009。

周偲編：《中國歷代書法鑒賞大辭典》。北京：北京燕山出版社，1990。

金通達主編：《中國當代國畫家詞典》。杭州：浙江人民出版社，1992。

俞劍華編：《中國美術家人名大詞典》。上海：上海人民美術出版社，2004。

徐邦達：《古書畫偽訛考辨》。南京：江蘇古籍出版社，1984。

啟功：《啟功全集》。北京：北京師範大學出版社，2011。

張伯駒：《煙雲過眼》。北京：中華書局，2014。

梁白泉主編：《國寶大觀》。上海：上海文化出版社，1990。

章士釗、程潛：《章士釗詞集·程潛詞集》。長沙：湖南人民出版社，2009。

章詒和：《往事並不如煙》。北京：人民文學出版社，2004。

陳炳華主編：《中國古今書畫名人大辭典》。天津：天津古籍出版社，1998。

黑廣菊、曹健主編：《鹽業銀行檔案史料選編》。天津：天津人民出版社，2012。

榮宏君：《文博大家史樹青》。上海：上海三聯書店，2014。

鄭重：《中國文博名家畫傳：張珩》。北京：文物出版社，2011。

鄭重：《中國文博名家畫傳：謝稚柳》。北京：文物出版社，2011。

**報紙、期刊**

《人民日報》，1968 年 9 月 5 日，第 1－2 版。

《人民日報》，1968 年 9 月 12 日，第 1 版。

《人民日報》，1968 年 11 月 25 日，第 1 版。

《解放軍報》，1968 年 9 月 23 日，第 1－2 版。

赤峰：《昭烏達蒙族師專學報（漢文哲學社會科學版）》，2000 年第 5 期。

張恩嶺主編：《張伯駒先生追思集》「《項城文史資料》總第十三集」（2008 年內部印）。

章詒和：〈張伯駒的交代〉，北京：《炎黃春秋》，2013 年第 6 期。

鄭國：〈元人萱蝶二圖真偽辨〉，哈爾濱：《黑龍江文物叢刊》，1983 年第 2 期。

《藝圃（吉林藝術學院學報）》，1992 年第 1－2 期，頁 123，「史怡公先生逝世」。

# 後記

　　張伯駒先生是著名的民國四公子之一，一生命運多舛而又充滿傳奇，他出生於官宦世家，父親張鎮芳曾是顯赫一時的封疆大吏，後來又在袁世凱的授意下開始着手籌辦鹽業銀行，一時富甲天下。張家與權傾一時的民國大總統袁世凱素有姻誼，所以張伯駒先生幼年就與袁之四、五、六、七子同入天津新學書院、政法學堂讀書。十七歲考入中央陸軍混成模範團騎兵科，翌年春節到中南海給袁世凱拜年，得到袁的賞識，叮囑：「好好上學，畢了業就到府裏來。」民國政治如幻泡影，青年張伯駒也在這千年未有之變局中跌宕起伏，政治的黑暗和前途的渺茫使他屢屢陷入困頓之中。三十歲時，張伯駒毅然逃離政途，投身於書畫收藏和詩詞歌賦之中，這也終於成就了他集收藏、詩詞、戲劇理論和書畫鑒賞於一身的文化大家。

　　業師史樹青先生青年時代即與張伯老相熟，兩人亦師亦友詩酒唱和了半個多世紀。上世紀九十年代末，我有幸問業於史樹青先生，期間曾頻頻聽先生講述張伯老的各種傳奇，所以很早就對張伯駒先生充滿敬仰之情。因平素頗喜名家信箚的收藏與研究，有幸陸續收到了一些與張伯駒先生相關的手稿和藏書。後來，又偶然發現了 1968 年張伯駒先生在長春拘住「牛棚」期間所寫的一本交代材料。雖然這是一本特

殊時期的交代，但內容多是回憶民國期間文人相交、書畫收藏和戲曲見聞的舊事。先生在日記中不急不緩娓娓道來，文風頗有明清筆記體小說的風範，於是便有了將這本雜記整理出版的念頭，也算為時人了解民國文人掌故多一份談資。因雜記中牽扯到的人與事非常繁雜，再加上本人才疏學淺，從2010年到2016年，用了近六年的時光才勉強完稿。

本書能得以出版，首先感謝國家文物局朱曉東司長的引薦，才使我有緣求教於張伯駒先生的女婿、著名的文物學者樓宇棟先生。樓先生看過書稿後表示：近些年來寫我老岳父的傳記不少，但最要踏踏實實地寫，不要過分拔高，有些作品把我老岳父神化，這絕不可取。

感謝張伯駒先生的外甥、張伯駒潘素藝術基金會理事長樓開肇先生的襄助！

感謝中華書局（香港）有限公司趙東曉總經理兼總編輯的惠識！

感謝同道宴旭先生的襄助！

感謝吉林長春黃海同學的大力支持！

感謝好友程國強先生的無私襄助！

感謝劉濤先生長久以來對我在學術研究上的支持！

最後還要感謝生活·讀書·新知三聯書店總經理路英勇先生和香港三聯書店總編輯侯明女士，正是在他們的幫助下，這本書才得以在香港面世。在本書出版之際，也真誠地

向廣大專家、讀者求教，因編者學識所囿，錯訛之處在所難免，殷切期待您的批評指正！

戊戌八月杪

榮宏君　於京華品一草堂

時窗外叢菊初放

渡佃别

牛棚雜記

責任編輯：黎耀強
封面設計：高 林
排　　版：沈崇熙
印　　務：劉漢舉

編註　榮宏君

出版　中華書局（香港）有限公司
　　　香港北角英皇道 499 號北角工業大廈一樓 B
　　　電話：（852）2137 2338　傳真：（852）2713 8202
　　　電子郵件：info@chunghwabook.com.hk
　　　網址：http://www.chunghwabook.com.hk

發行　香港聯合書刊物流有限公司
　　　香港新界大埔汀麗路 36 號
　　　中華商務印刷大廈 3 字樓
　　　電話：（852）2150 2100　傳真：（852）2407 3062
　　　電子郵件：info@suplogistics.com.hk

印刷　美雅印刷製本有限公司
　　　香港觀塘榮業街 6 號 海濱工業大廈 4 樓 A 室

版次　2018 年 10 月初版
　　　© 2018 中華書局（香港）有限公司

規格　16 開（210mm×150mm）

ISBN　978-988-8571-22-2